Ursula Michel

Hierarchie auf Augenhöhe

Ursula Michel

Hierarchie auf Augenhöhe

Entdecken statt wissen - Dialog statt jährliche Beurteilungsgespräche

2. Auflage

Trainerverlag

Imprint

Cover image: www.ingimage.com

Publisher:
Der Trainerverlag
is a trademark of
Dodo Books Indian Ocean Ltd. and OmniScriptum S.R.L publishing group

120 High Road, East Finchley, London, N2 9ED, United Kingdom
Str. Armeneasca 28/1, office 1, Chisinau MD-2012, Republic of Moldova, Europe
Managing Directors: Ieva Konstantinova, Victoria Ursu
info@omniscriptum.com

Printed at: see last page
ISBN: 978-620-8-87537-4

Hierarchie auf Augenhöhe

Entdecken statt wissen – Dialog statt jährlicher Beurteilungsgespräche

Ursula Michel

Inhaltsverzeichnis

1 Vorwort und Einführung

„Der Mensch ist der Zweck, nicht das Mittel.*" (Götz Werner)*

In den vergangenen 30 Jahren hat in vielen Unternehmen eine ausgeprägte Professionalisierung stattgefunden. Während der Differenzierungsphase hat die Bürokratie erheblich zugenommen und das Miteinander hat an Stellenwert verloren. Kontrolle, Überprüfbarkeit, Systematik, Transparenz und Steuerung wurden zunehmend wichtiger. Standardisierungen, Spezialisierungen und Formalisierungen schaffen Ordnung und Klarheit, aber auch administrativen Aufwand und „Sachzwänge". Das jährliche Qualifikationsgespräch ist ein typisches Instrument dieser Organisationsphase.

Inzwischen ist die Zeit reif für einen Dialog ohne Beurteilungsraster. An die Stelle einer Methode tritt nach und nach eine Haltung – der Dialog wird als Raum verstanden, um gemeinsam Sichtweisen zu ergründen, die Stärken und Interessen der Mitarbeitenden zu fördern und wichtige gesamtbetriebliche Erkenntnisse zu gewinnen. Dialog-Gespräche schaffen eine Balance zwischen Sache und Mensch, fördern Empathie und Achtsamkeit und verbinden Sinn und Werte.

Mit viel Leidenschaft durfte ich als Trainerin an unzähligen Schulungstagen zum Thema „Beurteilungsgespräche als Führungsinstrument" hitzige Diskussionen über die hinter dem Beurteilungsraster liegenden Maßstäbe und Lohnabhängigkeiten führen. Immer häufiger tauchten dabei Fragen nach dem Sinn des Ganzen auf. Ein gewinnbringendes Verhältnis von Aufwand und Ertrag wurde vermehrt angezweifelt und eine wenig förderliche Routine hat sich eingestellt. Der „Alle-Jahre-wieder-Effekt" hat dem Instrument die Kraft genommen. Aus meinem Feuer für dieses Thema wurde allmählich eine immer kälter werdende Glut, die drohte, zu Asche zu zerfallen.

Als Executive-Coach habe ich auch in diesem Setting festgestellt, dass die Beurteilungsgespräche zu einer lästigen Pflicht geworden sind. Die Energie ist zunehmend in die Vermeidung heikler Auseinandersetzungen geflossen und wahrhaftiger Austausch fand immer weniger statt. Sätze wie „Ich mache nur noch gute Beurteilungen, das benötigt am wenigsten Zeit" sind typische Äußerungen für den derzeitigen Umgang mit Beurteilungsgesprächen.

Die langjährige Tradition der Beurteilungsgespräche lässt sich nicht ersatzlos abschaffen, also könnte ein neues „Instrument" frei von Beurteilungen und ohne administrativen Aufwand eine Lösung bieten.

Dialog – der gemeinsame Erfolgsweg heißt mein neues Instrument für eine motivierende und stärkende Führung der jährlichen Mitarbeitenden-Gespräche.

Reden miteinander in Gesprächen auf Augenhöhe ist auch im beruflichen Kontext ein wichtiger Erfolgsfaktor. Führungsgespräche zu Leistung und Verhalten sind unverzichtbar, sollten durch Klarheit und wertschätzende Haltung allerdings individuelle sowie betriebliche Entwicklung ermöglichen.

Mit Freude leiste ich mit diesem Buch einen Beitrag zur Entwicklung einer neuen Form jährlicher Führungsgespräche. Dabei sind mir der Rückblick und die Würdigung der langen Phase der betrieblichen Beurteilungsgespräche ebenso ein Anliegen wie die Betrachtung der zeitgenössischen organisationalen Rahmenbedingungen, die als Ausgangslage für die Weiterentwicklung der Beurteilungsgespräche dienen. Der Hauptteil dieses Buchs gehört der Darstellung des Dialog-Instruments und der damit verbundenen Haltung und Kernkompetenzen.

Aufbau und Kernkompetenzen eines Dialog-Gesprächs eignen sich nicht nur für die etwas ausführlicheren Jahresgespräche. Sie können ebenfalls für Kritikgespräche und die Reflexion einzelner Themen zur Anwendung kommen.

Je mehr diese Art der Kommunikation zur Selbstverständlichkeit wird, desto intensiver verändert sie die Kultur im Unternehmen. Wenn die Methode zur Haltung wird, geschieht Veränderung.

Dialog statt Beurteilung ermöglicht:

- eine gemeinsame Reflexion von Leistung und Verhalten auf Augenhöhe,
- das Teilen von Sichtweisen und Erfahrungen,
- das Gewinnen neuer Erkenntnisse für die Zukunft.

Ein nachhaltiges Hilfsmittel als Weiterentwicklung der jährlichen Beurteilungsgespräche:

- einfache und schnelle Anwendung,
- geringer administrativer Aufwand,
- ressourcenschonend.

Ein Gewinn für die Menschen und den Betrieb:

- die Vertrauensbasis wird gestärkt,
- die intrinsische Motivation wird angeregt,
- betriebliche Stärken und Schwächen werden frühzeitig erkannt.

2 Beurteilungsgespräche als versiegte Quelle für Spitzenleistungen

2.1 Sind Beurteilungsgespräche noch zeitgemäß?

Als Robert Owen im 19. Jahrhundert den Mitarbeiterinnen und Mitarbeitern in seiner Baumwollspinnerei jeweils abends die entsprechende Farbe seines „Beurteilungswürfels auf den Arbeitsplatz stellte, war dies mehr als nur eine Leistungsbewertung. Im Räderwerk der Industrialisierung mit deren mechanistischem Leitbild zeigte er als Sozialreformer damit auch, dass er die Menschen und ihre Leistung zwar nonverbal, doch individuell wahrnahm.

200 Jahre später, im Zeitalter der digitalen Revolution und der allgemeinen Beschleunigung sind die jährlichen Leistungs- und Verhaltensbeurteilungen fester Bestandteil von Führung. Laut einer Kurzdefinition aus Gablers Wirtschaftslexikon (http://wirtschaftslexikon.gabler.de/archiv/85224/mitarbeiterbe urteilung-v13.html) handelt es sich bei einer Personalbeurteilung um eine „planmäßige und systematische Beurteilung von Mitgliedern der Organisation durch Vorgesetzte, häufig in wiederkehrenden Zeitabständen (i. R. ein Jahr). Bewertet wird die Leistung und/oder das Verhalten und/oder die Persönlichkeit".

Passt dieses Verfahren in eine Zeit, die geprägt ist von Zeit-, Innovations- und Kostendruck sowie den Ansprüchen der Generationen Y und Z? Die Antwort ist nicht ein nonverbales Beurteilungsverfahren per WhatsApp, sondern die Frage: Was ergibt Sinn? Was dient dem Unternehmen und den darin tätigen Menschen? Welche Form der individuellen Entwicklung im beruflichen Kontext benötigt die heutige VUCA-Welt (*Volatility*, Volatilität – *Uncertainty*, Unsicherheit – *Complexity*, Komplexität – *Ambiguity*, Vieldeutigkeit)?

In einer volatilen, unsicheren, komplexen und mehrdeutigen Zeit ist es zunehmend wichtig, dass die Menschen resilient und anpassungsfähig sind und sie ihr Handeln und Denken reflektieren. Dafür ist eine stabile und respektvolle Beziehungsgestaltung zwischen den Führungskräften und den Mitarbeitenden eine wichtige Grundlage. Damit das dafür benötigte Vertrauen aufgebaut werden kann, bedarf es eines ehrlichen Interesses am Menschen und nicht nur an seiner Leistung. Kritik und Anerkennung sind ebenso selbstverständlich in den Alltag integriert wie eine offene und transparente Kommunikation.

Um diesen Anforderungen gerecht zu werden, ist ein Instrument, das die Reflexion unterstützt, hilfreicher als eine Beurteilung.

2.2 Ein Blick zurück

Vor vielen Jahren zeigte mir der Direktor eines mittelgroßen Unternehmens bei der Vorbereitung für eine Kaderschulung stolz seine Wandkalender, auf denen er in regelmäßigen Abständen bestimmte Tage rot eingekreist hatte. „Damit bringe ich meine Kaderleute zum Reden", d. h., an den markierten Tagen mussten die Führungskräfte den ihnen unterstellten Mitarbeitenden eine Rückmeldung zu deren Leistung und Verhalten geben. Diese Kalender wurden von einem institutionalisierten Beurteilungssystem abgelöst. Durch die Kommunikationstrainings wurden die Rückmeldungen strukturierter, sachlicher und auch zielorientierter.

Dieses für Unternehmen und Verwaltungen meist „neue" Führungsinstrument erzeugte zu Beginn viel Widerstand. Der angewandte Beurteilungsmaßstab war nicht fassbar und es gab unmittelbar Vergleiche mit den Schulnoten – was so nicht gewollt war.

Unterschiedliche Selbst- und Fremdeinschätzungen wurden zu einer weiteren Herausforderung für die Führung und die Kommunikation. Die Wogen glätteten sich im Laufe der Jahre, die Beurteilungsgespräche wurden zu einer Selbstverständlichkeit. Oft wurde damit auch eine nachvollziehbare Grundlage für mögliche Gehaltsanstiege und Beförderungen geschaffen.

Zwei Jahre nach Einführung der Beurteilungsgespräche wurde eine schriftliche Evaluation durchgeführt. Der Hauptgewinn aus Sicht der Mitarbeitenden bestand darin, dass durch diese Gespräche die Vorgesetzten endlich erkennen würden, was sie als Mitarbeitende leisten, und sich Zeit für sie nehmen würden. Bedauert wurde, dass teilweise der Mut zu einer ehrlichen Beurteilung gefehlt habe.

Mit den Jahren haben sich die Gespräche fest etabliert, die HR-Abteilungen bekamen neue Steuerungs- und Kontrollaufgaben, was auch zur Stärkung ihrer Rolle beitrug. Mehr und mehr brachten junge Mitarbeitende aus der Schule und von den Ausbildungen die Erfahrungen der Selbstreflexion mit, was sich sehr positiv auf die Selbsteinschätzung ausgewirkt hat.

Erstaunlich war es immer wieder zu sehen, wie kreativ mit der Maßstab-Frage umgegangen wurde. Von im Voraus festgelegten Verteilungsschlüsseln (Wer darf welche Anzahl sehr guter, guter Bewertungen etc. verteilen?) bis hin zu kategorischen Verboten, die beste Beurteilungsstufe anzuwenden, wurden alle möglichen Anwendungen entwickelt. Solche und ähnliche Vorgehensweisen haben das Instrument zunehmend geschwächt.

2.3 Beurteilung als Motivationsinstrument?

Der immaterielle Anreizfaktor eines Beurteilungsgesprächs ist begrenzt. Selbst wenn das Gespräch auf Augenhöhe stattfindet, impliziert diese Gesprächsform eine Haltung von „Ich weiß es besser". Beurteilen bedeutet bewerten, zensieren, im Erleben der Mitarbeitenden oft auch ein Benotet-Werden. Darüber kann auch die Tatsache nicht hinwegtäuschen, dass statt Noten Buchstaben verwendet und das Beurteilungsgespräch gar in ein Entwicklungs- oder Mitarbeitergespräch umgetauft wird. Mit dieser Namensgebung wird höchstens die Realität verschleiert.

Die intrinsische Motivation basiert nicht auf einem jährlichen Beurteilungsgespräch. Sie ist ein komplexes, diversen Einflussfaktoren unterliegendes Gebilde. Sinnhaftigkeit, Werteübereinstimmung, Gestaltungsfreiheit und ein respektvolles Miteinander sind Teil einer bewussten Entwicklung der Unternehmenskultur.

Der Stellenwert von Beurteilungsgesprächen in Bezug auf die Arbeitszufriedenheit und die Qualität der Leistungserbringung wird im Allgemeinen überschätzt.

Die Halbwertszeit eines positiv verlaufenen Qualifikationsgesprächs ist nicht viel länger als die Wirkung von Bonussystemen. Die extrinsische Motivation durch Boni und Leistungslohn auf der Basis von Beurteilungssystemen fördert den internen Wettkampf, die Gier und den Neid. Gleichzeitig wird die gegenseitige Fehlertoleranz minimiert. Die sich daraus entwickelnde Kultur steht im Gegensatz zu einer Kultur der Achtsamkeit, die im Kontext der vermehrt propagierten „Gesunden Führung" steht.

Anders sieht es aus bei Gesprächen, die als ungerecht oder nicht professionell erlebt werden. Diese wirken demotivierend und beeinträchtigen Leistung und Verhalten meist über längere Zeit. Ebenso ist die Beziehung zwischen der Führungsperson und der Mitarbeiterin, dem Mitarbeiter nicht selten nachhaltig gestört, was sich gleichzeitig auf das Klima und die Zusammenarbeit auswirkt. Die entsprechenden Kosten lassen sich nur schwierig beziffern.

2.4 Eine kritische Betrachtung von Aufwand und Ertrag

Der Herbst ist in der Regel die Hochphase der jährlichen Beurteilungsgespräche. Zu dieser Zeit hält dieses Thema stets auch vermehrten Einzug in die Coaching-Prozesse. „Wie soll ich das nur schaffen?" ist eine von vielen ähnlichen fragenden Aussagen. Häufig hat im Jahreszyklus die Zeit für Notizen zu den wichtigen Führungsgesprächen gefehlt – das Typische der erbrachten Leistung und des Verhaltens im Nachgang zu formulieren fällt schwer, da das Erinnerungsvermögen je nach Führungsspanne verständlicherweise beschränkt ist. Entsprechend steigen der Vorbereitungsaufwand und die Zeitnot.

Der Ausweg aus dem Dilemma ist einfach: Es wird Zuflucht in einer guten Bewertung genommen, womit sich das Risiko verringert, dass die vorhandenen Argumente zu wenig stichhaltig sind. Selbstredend stärkt diese Lösung weder Führungskraft noch Mitarbeitende. Das Fazit für beide Seiten lautet: Man hat es gut überlebt.

Analog zu diesem Verhalten erhalten unbeliebte Chefs häufig die besten Führungsfeedbacks, falls diese ein Teil des Beurteilungsgesprächs sind. Die Antwort auf das Warum ist einfach: Selbstschutz. Das Risiko und der Aufwand für eine ehrliche Rückmeldung werden als zu groß eingestuft.

Weitere Stolpersteine sind die verlangten Zielvereinbarungen zu Leistung und Verhalten. In unzähligen durchgeführten Schulungstagen für die Handhabung einer konstruktiven und nachhaltigen Mitarbeiterbeurteilung konnte immer wieder beobachtet werden, dass die Ziele in drei Stichworten formuliert wurden und die Maßnahmen zur Unterstützung der Zielerreichung meist darin bestanden, die Mitarbeitenden in eine externe Weiterbildung zu schicken. Ein Jahr später war vieles davon in Vergessenheit geraten. Wie nachhaltig sind also Zielsetzungen, die erst nach einem Jahr wieder beachtet werden?

In der Differenzierungsphase eines Unternehmens haben formalisierte Steuerungs- und Dokumentationssysteme einen hohen Stellenwert. Zielgerichtete Planung und Kontrolle mit einem Übermaß an Kennzahlen gehören zum Alltag. Somit sind standardisierte Beurteilungssysteme absolut kompatibel mit dem allgemeinen betriebswirtschaftlichen Aufwand. Interne Transaktionskosten interessieren selten, denn die vermeintliche Kontrollierbarkeit rechtfertigt diese Kosten allemal.

Ob die Kosten der flächendeckenden Beurteilungsgespräche heute noch in einem sinnvollen Verhältnis zum Ertrag dieser Gespräche stehen, wäre zu berechnen. Aussagekräftige Zahlen dürften sich nicht nur auf die dafür verwendete Zeit beziehen, sondern müssten auch den motivierenden und demotivierenden Folgen Rechnung tragen.

Die Angst vor juristisch anfechtbaren Kündigungen ist ein weiterer Legitimationsfaktor für die standardisierten Beurteilungssysteme. Wenn sich ein Kündigungsweg trotz vorgängiger Dialog-Gespräche abzeichnet, ergibt es Sinn, diese Formulare zu verwenden. Bei gravierenden Leistungs- und/oder Verhaltensproblemen haben Schriftlichkeiten eine bedeutende Funktion. Wichtig ist, dass eine offene und ehrliche Begründung vorliegt.

Mit einem Blick in die Vergangenheit hat dieses Führungsinstrument einen wichtigen Beitrag zu einer allgemeinen Professionalisierung geleistet. Die Erwartungen in Bezug auf Leistung und Verhalten wurden geklärt, eine regelmäßige Kommunikation hat stattgefunden und der vielleicht wichtigste Faktor ist: Die Mitarbeitenden hatten das Gefühl, dass ihre Arbeit gesehen wurde, und wussten, wie ihre Leistung eingeschätzt wurde. Für viele Jahre standen somit Aufwand und Ertrag in einem stimmigen Verhältnis.

Mit dem schnellen Wandel in die Integrations- und Assoziationsphase der Unternehmen ist das Instrument nun aber zu wenig flexibel und der administrative Aufwand zu hoch. Zudem bin ich überzeugt, dass Mitarbeitende der neuen Generation nicht mehr auf diese Weise qualifiziert werden möchten.

2.5 Beziehungsgestaltung und Selbstverantwortung – wichtige Attribute für die Zukunft

Dem Arbeiten als Mittel zum Zweck des Geldverdienens, als Selbstzweck, weil die Tätigkeit Freude macht, oder als Mittel, um einem höheren Zweck zu dienen, liegen unterschiedliche Motivationen zugrunde. Entsprechend sind Führung und Zusammenarbeit gestaltet.

Mit der zunehmenden kulturellen Vielfalt werden die Herausforderungen noch komplexer und die Haltungen gegenüber dem Instrument der Mitarbeiterbeurteilung noch unterschiedlicher. Eines aber ist gewiss: Digitale Likes und Friends ersetzen nicht zwischenmenschliche Beziehungen. Trotz sinkender Bindungstendenzen an das Unternehmen benötigen Menschen Kontakt, Wertschätzung und Klarheit. Im Gegenzug sind für das Unternehmen eine gute bis hohe Qualität in der Leistungserbringung und die Bereitschaft zu einer permanenten Weiterentwicklung sowie ein konstruktives Arbeitsklima von ebensolcher Wichtigkeit.

Klarheit in der Sache, ein menschlicher Umgang auf Augenhöhe und eigenverantwortliches Handeln können mit periodischen Reflexionsgesprächen ohne Beurteilung, ohne stundenlange Vorbereitung und administrativen Aufwand weit besser unterstützt werden.

Ein Dialoggespräch kann breiter gefasst werden als nur die Fokussierung auf Leistung und Verhalten. Das Wissen um funktionale und dysfunktionale kulturelle Muster, die Kenntnisse um Weiterentwicklungs- und Optimierungsbedarfe können in einem Dialog-Gespräch gemeinsam ergründet werden. Dadurch entsteht ein wesentlich breiterer Mehrwert, denn es geht stets um die Mitarbeiterin, den Mitarbeiter und das Unternehmen.

Eine Reflexion erfolgreicher oder auch fehlerhafter Ergebnisse ermöglicht zudem wertvolle Erkenntnisse, wie selbstbestimmt an der eigenen Exzellenz gearbeitet werden kann. Im Erleben entsteht Fülle anstelle von Mangel und Druck, wie es nach einer Beurteilung häufig der Fall ist.

Die neuen Organisationsformen, wie sie Fréderic Laloux in seinem Buch „Reinventing Organizations“ beschreibt, die zunehmende Forderung nach Sinnstiftung und der damit verbundenen Werteorientierung, die steigenden Anforderungen an die Flexibilität, den Umgang mit Komplexität und die ständige Innovationsbereitschaft benötigen keine Beurteilungsgespräche mehr.

Beurteilungsfreie Reflexionsgespräche stärken die Qualität des Zuhörens und des Sich-Mitteilens. Gemeinsam wird erkannt, was für die Zukunft wichtig ist. Die Selbstverantwortung wird nicht delegiert, der Dialog schafft Bindung statt Druck. Die oft von „oben“ erwartete Anerkennung wird durch eine bewusste Selbstführung ersetzt. Eine solche qualifizierte Begegnung auf Augenhöhe verstärkt die intrinsische Motivation und verleiht Kraft.

3 Dialog – der gemeinsame Erfolgsweg

„Die wahre Entdeckungsreise liegt nicht darin, neue Länder zu erkunden, sondern die Wirklichkeit mit neuen Augen zu sehen.“
(Marcel Proust)

3.1 Dialog als Instrument?

Stehen Struktur und Dialog in einem Widerspruch? Nein, das von mir erarbeitete Dialog-Instrument enthält fünf Methoden für den Aufbau und den Ablauf eines Dialog-Gesprächs. Es sind flexible Vorgehensvorschläge, die eine ziel- und themenorientierte Auswahl ermöglichen. Die Methode ist nur der äußere Rahmen, der in einen gemeinsamen Erkenntnis- und Reflexionsprozess einzutauchen hilft.

Die Basis für jede dieser Methoden bilden Satzanfänge als Einstiegshilfe in den Dialog sowie Fragen für die gemeinsame Vertiefung der ausgewählten Themen. Allen Methoden gemeinsam ist, dass sie das Nachdenken über das eigene Handeln und über die betrieblichen Gegebenheiten fördern. Eine hohe Reflexionskompetenz schützt vor erstarrten und unflexiblen Denkstrukturen und Handlungsmustern. Die Qualität entsteht durch einen respektvollen, beurteilungsfreien Austausch.

Mit zunehmender Erfahrung tritt die Methode in den Hintergrund und wird zu einer Haltung, die in der Folge eine Weiterentwicklung der Führungs- und Unternehmenskultur bewirkt.

Die Kraft liegt in einem echten Dialog-Gespräch. „Dialog“ wird heute beinahe inflationär verwendet. Meist soll mit dieser Wortwahl vermittelt werden, dass die Gespräche auf Augenhöhe stattfinden. Dialog bedeutet aber weit mehr. Ein Dialog-Gespräch – anstelle eines Beurteilungsgesprächs – eröffnet neue Möglichkeiten der Begegnung und der Wertschätzung durch echtes Interesse für die Menschen und die Sache.

Eine Gesprächsführung mit ungeteilter Aufmerksamkeit und Zuwendung bildet Vertrauen und stärkt bei den Mitarbeitenden die Bindung zum Unternehmen.

Achtsamkeit mit sich und den anderen stärkt das eigene Präsentsein im Hier und Jetzt. Wenn es gelingt, sich ganz auf die aktuelle Situation einzulassen und präsent zu sein, sind wir mit unserem sensorischen System verbunden und verfügen über eine feinfühlige Körperwahrnehmung. Mit dieser Verbundenheit haben wir Zugang zu unserer inneren Weisheit oder ganz einfach zu unserem „Bauchgefühl". Ein intaktes sensorisches System verknüpft zudem das kognitive System des Denkens mit dem somatischen System des Wollens und der Emotionen. Ein ausgewogenes Zusammenspiel dieser drei Systeme ist eine wirksame Stressprophylaxe.

Der physische Körper wird es Ihnen danken. Bei einer solchen Haltung muss die Amygdala keine Alarmglocken läuten, damit Stresshormone ausgesendet werden. Präsenz und Achtsamkeit sind der Schlüssel zu mehr Gelassenheit. Im Zeitalter allgemeiner Hektik und selbstverständlichen Multitaskings ist dies keine einfache Aufgabe. Wie schnell wandern die eigenen Gedanken aus dem Hier und Jetzt zu einer nächsten Sitzung, zu einem ungelösten Problem oder gar zum lautlos gestellten Handy? Dieses Abschweifen entzieht dem Gespräch die Kraft, da all die feinen Zwischentöne und die nonverbale Kommunikation keine Beachtung mehr erfahren. Die Verunsicherung, die Angst oder der Ärger auf dem Gesicht der Mitarbeiterin, des Mitarbeiters werden nicht mehr gesehen.

Eine Anregung zur Selbstreflexion

- Wie aufmerksam hören Sie zu?
- Wie oft unterbrechen Sie Menschen oder fallen ihnen ins Wort, weil Sie ungeduldig sind?
- Wie oft schweifen Ihre Gedanken in einem Gespräch ab?
- Wie gut gelingt es Ihnen, den vor Ihnen sitzenden Menschen zu erfassen?

Präsenz im Hier und Jetzt ist keine Exklusivität des Dialogs. Sie bildet vielmehr eine lohnenswerte Zielsetzung für das Bestehen in der heutigen VUCA-Welt. In einer volatilen, unsicheren, komplexen Welt voller Mehrdeutigkeiten wird der innere Ruhepol immer wichtiger, um nicht im Strudel der Geschehnisse unterzugehen.

Ziele eines Dialoggesprächs sind eine gemeinsame Reflexion, das Teilen von Sichtweisen und das Gewinnen neuer Erkenntnisse für die Zukunft – weg von Beurteilungen hin zu einem Austausch, der für beide Seiten neue Impulse ergibt.

Diese Gespräche sind weder konsens- noch im klassischen Sinne ergebnisorientiert. Unterschiedliche Sichtweisen werden als solche benannt und müssen nicht in Übereinstimmung gebracht werden. Der eigene Standpunkt ist stets nur ein Teil der Wirklichkeit. Unterschiedliche Blickwinkel oder gar ein Perspektivenwechsel fördern das systemische Denken und veranschaulichen

Wechselwirkungen. Die mögliche Spannung, die aus den verschiedenen Betrachtungs- und Erlebnisweisen entsteht, regt zu einer Weiterentwicklung an.

Ein strukturiertes Dialoggespräch …

… fördert die persönliche, betriebliche und kulturelle Weiterentwicklung.

… ist ein zeitgemäßes Führungsinstrument, das die Eigenverantwortung stärkt.

… bietet eine effektive und ressourcenschonende Grundlage für Mitarbeitenden-Gespräche.

Der administrative Aufwand ist gering, da keine Nachbearbeitung stattfindet und die Gespräche im Idealfall ohne Vorbereitung durchgeführt werden. Eine inhaltliche Vorbereitung verführt bereits wieder dazu, die im Vorfeld gebildete Meinung durchzusetzen.

3.2 Haltung und Kernkompetenzen im Dialog

Der Dialog im betrieblichen Alltag besteht aus vier Kernkompetenzen und einer Grundhaltung von Achtsamkeit und Neugier.

3.2.1 Grundhaltung

Die Grundhaltung unterscheidet sich radikal von der Gesprächshaltung in einem Beurteilungsgespräch. Das jährliche Qualifikationsgespräch ist kein Kuhhandel und auch kein orientalischer Basar. Demzufolge wird die Einschätzung, d. h. die Leistungsbewertung der Führungskraft höher gewichtet als die Selbsteinschätzung der Mitarbeiterin, des Mitarbeiters. Dadurch entsteht ein hierarchisches Oben und Unten, das bei voneinander abweichenden Sichtweisen zu wechselseitigen Überzeugungsversuchen mit einem Ping-Pong von Argumenten führt. Dieses Wissen-Müssen und Begründen-Können macht einerseits die Vorbereitung dieser Gespräche so aufwändig und prägt andererseits die Gesprächsführung.

In einem Dialog geht es darum, mit Offenheit und Interesse der anderen Sichtweisen zuzuhören und bei Bedarf die eigene Betrachtung danebenzustellen. Sich zurückzunehmen und den anderen Raum zu geben, fällt anfangs schwer – und ist eine Kunst. Es ist wichtig, sich von dem eigenen Bedürfnis, „Recht“ haben zu wollen, zu trennen, denn nur so gelingt es, die Realitäten und die Perspektiven anderer zu hören und zu respektieren. Mit einer Grundhaltung des „Nichtwissens“ oder einer „lernenden Haltung“ kann Neues, bisher noch nicht Besprochenes auf Augenhöhe benannt werden. In Kurzform heißt dies:

„Ich bin präsent und neugierig, welche Erkenntnisse und Impulse für uns im heutigen Dialog sichtbar und wichtig werden und als Vorgesetzte, Vorgesetzter sorge ich für eine achtsame Gesprächsführung.“

Anfangs benötigt diese Haltung ein rechtes Stück an Vertrauen in Verlauf und Wirkung des Prozesses. Oft fühlt es sich an wie ein Sprung in das kalte Wasser, ohne zu wissen, ob man der Strömung gewachsen ist. Das Verstandesdenken suggeriert blitzschnell, dass es so doch nicht gehe, dass hier doch um Führung gehe und Klartext geredet werden müsse, damit die Mitarbeiterin, der Mitarbeiter begreife, was Sache ist.

Eine zweite Art der Verführung liegt am gegenüberliegenden Pol. Das vermeintliche Harmoniegefühl, das einen glauben lässt, dass es jetzt nur noch um Selbsterkenntnis gehe und alle Interventionen nur davon ablenken oder gar die Ausgewogenheit stören würden. Diese Form des passiven Zuhörens ist ebenso wenig gemeint.

Mit der Anwendung der vier Kernkompetenzen (1) aktives Hinhören, (2) Plädieren und von Herzen sprechen, (3) erkundende Fragen stellen und (4) Verlangsamung des Gesprächstempos ist eine aktive Gesprächsführung verbunden.

Im Unterschied zu den Beurteilungsgesprächen werden hier die Sichtweisen und Erkenntnisse ausgetauscht, ohne dass eine der beiden Seiten mehr Definitionsmacht besitzt oder gar die andere Seite belehrt, was richtig und falsch ist. Was immer sich zeigt, ist Teil des Prozesses und genau darauf bezieht sich die Haltung des Nichtwissens. Es ist zu Beginn des Gesprächs offen, bei welchen Themen eine vertiefte Auseinandersetzung entsteht. Die wichtigste Zielsetzung besteht darin, zu den gewählten Themen eine gemeinsame Reflexion zu ermöglichen, ohne diese mit einer Fremdeinschätzung zu bewerten.

Als Führungskraft vertrauen Sie auf die nachhaltige Wirkung des Erkannten, was zu Beginn eine Herausforderung darstellt, da in der Vergangenheit die Veränderungsanliegen meist mit schriftlichen Zielvereinbarungen verbindlich gemacht wurden.

Ein kurzer Blick in meinen Beratungsalltag

In meiner Rolle als Mediatorin bin ich aufgerufen, mich allparteilich zu verhalten und den betroffenen Parteien zu helfen, ihre eigenen Lösungen zu entwickeln. Dabei ist es immer wieder erstaunlich zu beobachten, wie anders der Prozess einer Lösungsfindung verläuft, wenn es mir gelingt, meine Rolle in der Haltung des „Nichtwissens“ wahrzunehmen. Es entstehen Lösungsansätze, die bei mir längst durch ein halbbewusstes Bewertungsnetz gefallen wären, die aber für genau diese Menschen eine Lösung darstellen. Der Mut, nicht zu wissen, wie eine Lösung aussehen sollte, entsteht genau dann, wenn ich den Menschen zutraue, dass sie es können – und sie es am besten wissen. Manchmal ist dies eine harte Prüfung für mein Ego, denn diese Haltung fordert Demut.

Demut ist für viele Menschen aus unterschiedlichsten Gründen ein negativ geprägter Ausdruck, deshalb verbinde ich ihn stets mit dem Ausdruck der Würde im Sinne von „Bewusstsein für den eigenen Wert". Demut und Würde gehören zusammen, denn Demut ohne Würde bedeutet kriecherische Unterwürfigkeit und Würde ohne Demut ergibt eine arrogante Überheblichkeit. Sich über andere Menschen zu erheben und auf sie herabzuschauen, kostet Vertrauen und Beziehung. Wer sich nicht über andere erhebt, fühlt sich anderen gegenüber auch nicht unterlegen, sondern handelt stets aus der eigenen Mitte.

In der Einsteinausstellung im Bernischen Historischen Museum las ich ein Zitat, das mich immer wieder an die Werte eines Dialog-Gesprächs erinnert.

> *„Wir sollen uns davor hüten, den Intellekt zu unserem Gott zu machen: gewiss er hat starke Muskeln, jedoch keine Persönlichkeit. Er darf nicht herrschen, nur dienen." (Albert Einstein)*

Theorie und Praxis sind oft zwei verschiedene Wirklichkeiten. Führung mit Demut und Würde ist eng mit der eigenen Persönlichkeitsentwicklung verbunden, denn es ist weit mehr als eine Technik. Die Anwendung der Dialog-Methoden bietet eine Chance, die eigene Haltung im Führungsalltag zu reflektieren und auf die eigenen Werte auszurichten.

Eine kurze Zusammenfassung

Anzustrebende Grundhaltung im Dialog-Gespräch:

- Interesse am Menschen, wer er ist, wie er denkt, worauf er Wert legt, was seine Sicht der Dinge ist etc.
- Neugier, welche Erkenntnisse im Gesprächsverlauf sichtbar werden.
- Ergebnisoffenheit.
- Lernende Haltung des Nichtwissens, die ermöglicht, in voller Offenheit eine gemeinsame Realität zu formulieren.

Eine Anregung zur Selbstreflexion

- Was interessiert Sie an Ihren Mitarbeitenden am meisten?

- Wie oft haben Sie Ihre Meinung bereits vor dem Gespräch unwiderruflich festgelegt?
- Wie fühlt sich für Sie eine lernende Haltung an? Welche Befürchtungen sind damit verbunden?
- Wo liegen für Sie die größten Herausforderungen?

3.2.2 Erste Kernkompetenz: Aktives Hinhören

Aktives Hinhören ist mehr als Zuhören. Das wirkliche Hinhören geschieht aus einem echten Interesse, den anderen zu verstehen, zu erkennen, seine Sichtweisen und Interpretationen möglichst frei von Bewertungen kennenzulernen. Dies gelingt nur mit Präsenz und einem Ausgerichtet-Sein auf die Gesprächspartnerin, den Gesprächspartner.

Geshe Rabten, ein Tibetisch-Buddhistischer Mönch beschreibt in einer kurzen Geschichte anhand von Schalen, wie wir Menschen in der Regel zuhören.

> *„Die* umgekehrte Schale *illustriert den Zustand, in dem wir tun, als ob wir zuhören würden, aber im Grunde genommen völlig unaufmerksam, desinteressiert und abwesend oder zerstreut sind. Rein nichts kann ins Gefäss gelangen.*
> *Die* löchrige Schale *zeigt den Zustand, in welchem wir zwar hören, was gesagt wird, aber alles gleich wieder vergessen. Zum einen Ohr hinein, zum anderen hinaus.*
> *Die* verschmutzte Schale *illustriert den Zustand, in welchem wir während dem Zuhören voll von eigenen Vorstellungen und Ansichten sind und somit das Gesagte ständig werten und interpretieren. Was eigentlich gesagt wird, was herüberkommen soll, wird entstellt."*
> *(Geshe Rabten)*

Das in einem positiven Sinne neugierige und fokussierte Hinhören wäre wohl mit einer *goldenen Schale* zu vergleichen.

Eine kurze Zusammenfassung

Aktives Hinhören bedeutet konkret:

- aufnehmendes Zuhören – Augenkontakt und Zugewandtheit, tragfähige Gesprächsatmosphäre aufbauen, sich selbst zurücknehmen,
- umschreibendes Zuhören – den Inhalt, das Gehörte mit eigenen Worten kurz wiederholen,
- einfühlendes Zuhören – das wahrgenommene Gefühl wiedergeben.

Wirkliches Zuhören ermöglicht, die andere Person zu erkennen und zu sehen, auf welche Art und Weise sie ihre Stärken einbringen kann und was für eine Weiterentwicklung, sowohl für die Person als auch für den Betrieb, zu beachten ist. Die Mitarbeitenden werden damit in ihrer Selbstverantwortung gestärkt.

> *„Wenn es ein Geheimnis des Erfolgs gibt, so ist es dies: Den Standpunkt der anderen verstehen und die Welt mit ihren Augen sehen."*
> *(Henry Ford)*

Eine Anregung zur Selbstreflexion

- Wie aufmerksam hören Sie in der Regel hin?
- Wie ungeteilt richten Sie Ihre Aufmerksamkeit auf Ihr Gegenüber?
- Wie gut gelingt es Ihnen, den anderen Raum zu geben und die eigene Meinung zurückzuhalten?
- Wie schnell nehmen Sie gedankliche Bewertungen vor?

3.2.3 Zweite Kernkompetenz: Erkunden – Fragen stellen

Jede der fünf Methoden der Dialog-Gespräche beginnt mit der Einladung, einen vorgegebenen Satzanfang selbst zu beenden. Ein Beispiel: „Mein größter Erfolg im vergangenen Jahr war ...".

Nach dem aktiven Hinhören beginnt das erkundende Fragen-Stellen. Das Gehörte wird mit Fragen vertieft, bis die dahinterliegenden Annahmen sichtbar werden und beide je in eigenen Worten das Gehörte gleich umschreiben würden. Erst durch das vertiefende Nachfragen kann das Gehörte in seiner ganzen Breite und Tiefe erfasst werden.

Im Gegensatz zu den Dialog-Gesprächen entsteht in unserer gewohnten Alltagskommunikation bei einer ersten, angenommenen Übereinstimmung mit der eigenen Meinung vorschnell das wohlige Gefühl „Wir verstehen uns". Weitere Fragen zu stellen scheint dann unnötig, stattdessen wird der eigene Standpunkt nochmals betont, um das Gefühl des gegenseitigen Verstehens zu festigen. Ob wirklich beide dasselbe meinen, zeigt sich dann in der Regel zu einem späteren Zeitpunkt – ein wohlbekanntes Thema bei Zielvereinbarungen, Auftragserteilungen, Beurteilungsgesprächen und natürlich auch im privaten Alltag. Bei der konkreten Umsetzung heißt es dann plötzlich: „So habe ich das aber nicht gemeint." Die Idylle des Verstehens wird abgelöst von wechselseitigen Schuldzuweisungen und jede Partei nimmt für sich in Anspruch rechtzuhaben. So wird Sprache zu einem Austausch von Missverständnissen auf der Basis vorschneller und nicht überprüfter Annahmen.

Menschen haben verschiedene mentale Modelle, die bestimmen, was sie hören und wie sie das Gehörte interpretieren. Die Chance, dass das Gesagte auch wirklich so gemeint war, wie es verstanden wurde, ist eher gering. Deshalb ist es wichtig, dass die eigenen Beweggründe deutlich gemacht werden.

„I know that you believe you understand what you think I said, but I am not sure you realize that what you heard is not what I meant."
"(Robert McCloskey)

Das blitzschnelle Interpretieren des Gehörten macht uns zwar sofort handlungsfähig, jedoch wird damit auch der erste Stolperstein für Missverständnisse gelegt. Das Gefühl, der Glaube, den anderen verstanden zu haben, reicht in der Regel für eine durchschnittliche Verständigung im Alltag aus, bringt aber an Grenzen, wenn ich die Aussagen meines Gegenübers wirklich verstehen möchte. Eine kurze Geschichte aus unbekannter Quelle soll dies exemplarisch verdeutlichen.

„Zwei ältere Damen sitzen am Abend auf der Veranda ihres Hauses und genießen die Abendstimmung. Da sagt eine zu der anderen: ‚Hör mal, wie schön diese Abendmusik klingt.' Eine der Damen sitzt mit ihrem Schaukelstuhl in Blickrichtung auf das nahegelegene Dorf, die andere hat freien Blick auf die Wiesen und Kornfelder. Hätten sie miteinander geredet, wäre klar geworden, dass die eine sich am Klang der Kirchenglocken erfreut, die andere am Zirpen der Grillen."

Hinhören ist **die** Grundlage, um hilfreiche und ehrlich gemeinte Fragen stellen zu können. Vertiefende Fragen ermöglichen der Mitarbeiterin, dem Mitarbeiter nachzudenken und ihre, seine Überlegungen in Worte zu fassen. Sie eröffnen den Raum für eine gemeinsame Betrachtungsweise, sie fordern zum Erzählen auf und ermöglichen breitere Erkenntnisse über unterschiedliche und gemeinsame Sichtweisen.

Es ist wichtig, ohne Vorurteile und ohne Kritik auf das Gehörte einzugehen. Das Gehörte wirklich zu verstehen, bedeutet nicht, damit einverstanden zu sein. Es ist die Basis für den weiteren Austausch. Auf diese Weise kann das eigene Verständnis durch das Verstehen des anderen vertieft werden.

Besonders geeignete Frageformen

Offene Fragen sind hilfreich, da sie ein ganzes Spektrum an Antworten ermöglichen und nicht nur mit Ja oder Nein beantwortet werden können.

- Wie genau haben Sie das erlebt?
- Welche Auswirkungen haben Sie beobachtet?
- Was könnte Sie dabei unterstützen?
- etc.

Ausgenommen sind Warum-Fragen, die vorschnell zu einem Gefühl führen, angeklagt zu werden.

- Warum konnte dieses Projekt nicht planmäßig abgeschlossen werden?

„Wie kommt es, dass ..." gibt Weite, „Warum ..." führt häufig zu einer Rechtfertigung.

Klärende Fragen helfen sicherzustellen, das Gehörte richtig zu verstehen.

- Wie haben Sie das gerade gemeint, als Sie sagten, die Zusammenarbeit im Team sei sehr konstruktiv?
- Wie genau haben Sie diese Besprechungen erlebt?
- Wann haben Sie diese Schwierigkeiten zum ersten Mal bemerkt?
- etc.

Akzentuierungsfragen werden auch als Schlüsselworttechnik bezeichnet, da im Gespräch verwendete Wörter aufgegriffen werden.

- „Wenn ich nicht sicher bin, dass ich alle Informationen habe, fühle ich mich unwohl."
  „Unwohl?"
- „Die Umsetzung der strategischen Ziele ist eine Herausforderung."
  „Herausforderung?"
- „Unser Umgang mit Veränderungen ist aus meiner Sicht zu zaghaft."
  „Zaghaft?"
- etc.

Sondierungsfragen helfen, das Gehörte zu vertiefen, und verdeutlichen dahinterliegende Annahmen.

- Welche Interessen sind für Sie mit dieser Aufgabe verbunden?
- Wie erklären Sie sich dieses gute Ergebnis?
- Welche Annahmen führten zu dieser Lösung?

- Wie fühlen Sie sich in dieser Situation?

Erkunden und Fragen stellen bedeutet konkret, wahres Interesse zu zeigen, mehr zu erfahren. Vertiefende Fragen werden gestellt, um die hinter den Aussagen liegenden Gedanken und Annahmen zu erfassen. Wirklich verstehen wollen führt zu einem tieferen Verständnis des Gehörten. Die erhaltenen Antworten sollten auf eigene Interpretationen überprüft werden.

Eine Anregung zur Selbstreflexion

- Welche Erfahrungen haben Sie mit dem vertiefenden Nachfragen?
- Wie gut gelingt es Ihnen, eine neugierige und offene Fragehaltung einzunehmen?
- Welchen Mehrwert hat für Sie das Erfassen der Annahmen und Überzeugungen, die hinter einer Aussage liegen?

Es ist zu beachten, dass durch die Fragen keine Verhörsituation entsteht. Dieser Eindruck entsteht dann, wenn die Führungsperson mit ihrer Sichtweise zu lange im Hintergrund bleibt und die Mitarbeiterin, der Mitarbeiter das Gefühl hat, immer mehr von sich zu zeigen, aber nichts von ihr zu erfahren. Es ist wichtig, als Führungsperson mit den eigenen Meinungen, Annahmen und Werten sichtbar zu werden.

Fragen stellen und Plädieren, die ich im nächsten Abschnitt näher erläutere, sollten in einem guten Verhältnis zueinanderstehen. Durch das Einbringen der eigenen Wahrnehmung und der dahinterliegenden Annahmen und Gedanken entsteht ein dialoghafter Austausch. Die Verbindung beider Sichtweisen verbreitert die Wahrnehmung und ermöglicht, die Realität mit all ihren Gemeinsamkeiten und Unterschieden, zu erfassen.

3.2.4 Dritte Kernkompetenz: Plädieren – von Herzen sprechen

Hinhören und das Gehörte wirklich verstehen wollen erfordern auch das Vertreten der eigenen Sichtweise, denn erst damit wird der Dialog für beide Parteien ein Ganzes.

Plädieren und von Herzen sprechen sind zwei Aussagen, die im Geschäftsalltag möglicherweise etwas ungewohnt klingen. Plädieren umfasst mehr, als nur die eigene Sichtweise einzubringen und den persönlichen Standpunkt zu vertreten. Es geht darum, die dazugehörenden Gedanken so zu veranschaulichen, dass die andere Person nachvollziehen kann, wie diese Meinung entstanden ist. Das Gehörte und Erkundete wird damit um die Ansicht der vorgesetzten Person ergänzt. Das Gesamtbild umfasst beide Darstellungen mit den je dahinterliegenden Gedanken und Annahmen. Gemeinsamkeiten und Unterschiede werden sichtbar und können als diese benannt werden. Bei Bedarf wird gemeinsam geklärt, welche Auswirkungen die unterschiedlichen Sichtweisen haben und ob eine gemeinsame Ausrichtung erarbeitet werden muss.

Der Schritt des Plädierens enthält die größte Rückfallquote in alte Muster. Plötzlich entsteht der innere Drang rechtzuhaben, die eigene Meinung als die Richtige zu bewerten und diese auch noch durchzusetzen. Seitens der Führungskraft besteht hier die Gefahr des Beurteilens, seitens der Mitarbeitenden des Rechtfertigens und des Aufbauens von Widerstand. Manchmal ist es auch einfach nur schwierig, Differenzen auszuhalten und diese nicht gleich aufzulösen, sondern darauf zu vertrauen, dass das Erkennen Wirkung zeigen wird.

Sobald im Gespräch ein Satz mit „Ja, aber …“ beginnt, sollte die Ampel auf Rot stehen. Die Ampel wechselt auf Grün, wenn der neue Satz mit „Und gleichzeitig …“ beginnt, denn damit wird die eigene Meinung als gleichwertiger Beitrag danebengestellt. Mit „Ja, aber …“ entsteht dagegen der Eindruck des Besser-Wissens.

Plädieren bedeutet nicht, ein Plädoyer zu halten und eine lange Redezeit zu beanspruchen. Es ist keine Einladung an das Ego, hier das Steuer zu übernehmen. Die Führungskraft setzt das Dialog-Gespräch als gemeinsames Reflexionsinstrument ein und ist verantwortlich für eine ausgewogene Gesprächsführung. Besonders beim Plädieren kommt die Vorbildrolle intensiv zum Tragen.

Für den Prozess ist es wichtig, dass das Plädieren von der Führungskraft korrekt angewendet, d. h. die eigene Betrachtungsweise und die dahinterliegenden Gedanken und Interpretationen unaufgefordert offengelegt werden. Die Mitarbeitenden werden zu Beginn beim Erkunden und Vertiefen der Aussagen der Führungskraft zögerlich und zurückhaltend sein.

Von Herzen sprechen umschreibt die zweite, etwas ungewöhnliche Anforderung an das Dialog-Gespräch. Für die Umschreibung dieser Qualität beziehe ich mich gerne auf Aussagen von Martina, Johannes F. und Tobias Hartkemeyer in ihrem Buch „Dialogische Intelligenz“.

„Von Herzen sprechen bedeutet, dass ich von dem rede, was mir wirklich wichtig ist, und ich auf komplizierte Formulierungen und Fremdwörter verzichte.“ Es zählt der Inhalt einer Aussage und nicht die Wirkung des Auftretens. Damit ist das Fundament für eine wahrhaftige Kommunikation gelegt.

Sich offen und ehrlich zu äußern, bedeutet in der Regel, Gewohnheitsmuster und Abwehrmechanismen zu durchbrechen. Die Kultivierung des Denkens ist in unserer Kultur trotz aller Erkenntnisse zur emotionalen Kompetenz immer noch ausgeprägter als die des Herzens. Deshalb erfordert es Mut, hier etwas Neues auszuprobieren und sich auf anderes einzulassen.

Klarheit in der Sache und Menschlichkeit in der Begegnung schaffen Vertrauen und machen Führungskräfte glaubwürdig. Wenn Kopf und Herz in dieselbe Richtung zielen, verstärkt sich die Wirkung des Gesagten. Die kühle Klarheit verbindet sich mit einer wohlwollenden Grundhaltung.

Im Idealfall haben sowohl die Führungskräfte als auch Mitarbeitende in einem Workshop eine Einführung in die Anwendung der Dialog-Gespräche erhalten. Oft hat dies die Wirkung eines Eisbrechers.

Das Präsent-Sein im Hier und Jetzt und die Verlangsamung des Gesprächstempos bilden die vierte Kernkompetenz, die ich im nächsten Abschnitt näher beschreiben werde. Sie ermöglichen das Erkennen der eigenen Gedanken, Gefühle und Handlungsimpulse während des Gesprächsverlaufs. Damit fällt die Selbstführung leichter und die eigene Gesprächsführung kann während des Dialogs adaptiert werden.

Eine kurze Zusammenfassung

Plädieren und von Herzen sprechen bedeutet konkret:

- aussprechen, was mir wirklich wichtig ist,
- erklären, auf welchen Überlegungen meine Meinung basiert,
- auf komplizierte Formulierungen verzichten,
- keine Bewertungen und Interpretationen aussprechen.

Eine Anregung zur Selbstreflexion

- Was verändert sich im Gesprächsverlauf, wenn Sie Ihre „Denkwurzeln" ungefragt offenlegen?
- Wie bereit sind Sie, eigene Verunsicherungen anzusprechen?
- Was geschieht, wenn die eigene Meinung nicht verteidigt werden muss?
- Welche Veränderungen können Sie beobachten, wenn Sie von Herzen sprechen?

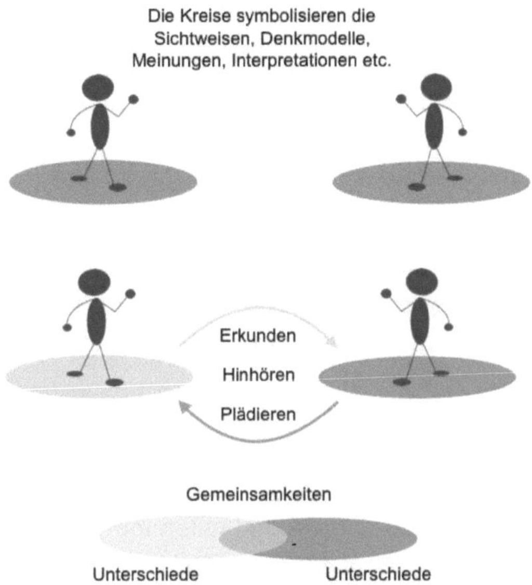

3.2.5 Vierte Kernkompetenz: Verlangsamung des Gesprächstempos

Einander ins Wort fallen, sich gegenseitig unterbrechen oder gar die Sätze des anderen selbst beenden sind häufige Erscheinungen in einer Diskussion. Ein ständiges Abpassen, die eigene Position wieder einzubringen, führt zu einer Beschleunigung des Gesprächstempos.

In einem Dialog-Gespräch gelten umgekehrte Regeln. Das Tempo wird bewusst verlangsamt, damit beide Parteien ausreichend Zeit haben, ihre Gedanken in Worte zu fassen. Hinhören bedeutet einander ausreden lassen, was automatisch zu mehr Ruhe im Gespräch führt. Beide Parteien gewähren einander die benötigte Redezeit.

Die äußere Verlangsamung führt automatisch zu einer inneren Verlangsamung, wodurch ein gemeinsamer Denkprozess entstehen kann. Eigene Aussagen können sorgfältig formuliert und etwaige Bewertungen und Interpretationen vor dem Aussprechen als solche erkannt und entsprechend deutlich gemacht werden. Gesprächspausen sind willkommene Momente, um die eigenen Gedanken zu Ende zu denken, die persönliche Präsenz wahrzunehmen und sich zu spüren. Achtsamkeit und die Verlangsamung des Gesprächstempos sind untrennbar miteinander verbunden. Achtsamkeit entschleunigt.

„Achtsamkeit lässt uns erkennen, was im gegenwärtigen Augenblick in uns und um uns herum geschieht.“ (Thich Nhat Hanh)

Eine kurze Zusammenfassung

Verlangsamung des Gesprächstempos bedeutet konkret:

- den Mut zu haben, Pausen einzulegen und die Stille auszuhalten,
- eigene Gedanken bewusst in Worte zu fassen,
- ermöglicht sich selbst zu beobachten und eigene Impulse wahrzunehmen,
- fördert die innere Reflexion der eigenen Gesprächsführung,
- schafft Bezug zu sich selbst.

Eine Anregung zur Selbstreflexion

- Wie gut halten Sie in einem Gespräch Stille aus?
- Wie oft unterbrechen sie andere und fallen ihnen ins Wort?
- Kennen Sie das Phänomen, erst beim Sprechen herauszufinden, was Sie sagen wollten?
- Wie bewusst lenken Sie Ihre Aufmerksamkeit auf die Wahrnehmung von sich selbst?

„Man braucht zwei Jahre, um sprechen zu lernen, und fünfzig, um schweigen zu lernen.“ (Ernest Hemingway)

3.3 Die vier Kernkompetenzen im Überblick

Ein fließender Prozess, bei dem sich alle Kompetenzen wechselseitig verstärken, gelingt durch eine achtsame Selbstführung und eine achtsame Prozessgestaltung. Dadurch entwickelt sich eine ressourcen- und lösungsorientierte Kommunikationskompetenz.

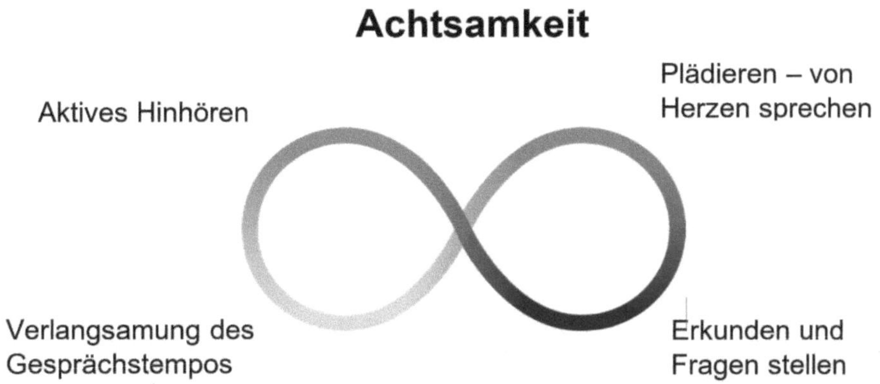

3.4 Dialog-Gespräche als Musterbrecher

3.4.1 Wahrnehmungsfallen

Die Kernkompetenzen des Dialogs helfen, sich von den eigenen Überzeugungen zu lösen und der Mitarbeiterin, dem Mitarbeiter vorurteilsfrei und mit Offenheit zu begegnen.

Zwei Fragestellungen, die helfen zu entdecken, wie unsere Bilder von Mitarbeitenden unbewusst fixiert sind und wie selbstverständlich die Wahrnehmungsfallen Einzug halten, lauten:

- Welche Stärken hat Ihr schlechtester Mitarbeiter?
- Welche Schwächen hat Ihre beste Mitarbeiterin?

Das erste Zögern wird meist von Betroffenheit abgelöst und nach längerem Nachdenken taucht dann die eine oder andere Antwort auf.

Aus der Hirnforschung ist bekannt, dass negative Erfahrungen schwerer gewichtet und tiefer gespeichert werden als positive. Dies ist eine von mehreren Erklärungen, warum es Mitarbeitende mit einer schlechten Beurteilung schwer haben, aus dem von ihnen entstandenen „Bild“ herauszukommen. Ebenso gelingt es in einem Dialog, bei den Mitarbeitenden mit einer sehr guten Bewertung den „Halo-Effekt“ in ein differenzierteres Gesamtbild umzuwandeln. Die Verzerrung, dass durch eine herausragende Leistungserbringung andere Merkmale in den Hintergrund treten, wird aufgehoben.

Durch diese verbreiterte Sichtweise können bestehende Vorurteile und vorhandene Bilder erkannt, reflektiert und aufgehoben werden.

Eine Anregung zur Selbstreflexion

- Wie vertraut sind Ihnen solche und ähnliche Wahrnehmungsfallen?
- Wie leicht fällt es Ihnen, Ihre vorhandenen Bilder der einzelnen Mitarbeitenden zu verändern, zu korrigieren?
- Welche Rolle spielt das äußere Erscheinungsbild bei der Meinungsbildung?
- Was würde sich verändern, wenn Sie morgen Ihre Mitarbeitenden neu und ohne Geschichte wahrnehmen würden?

3.4.2 „Die linke und die rechte Spalte“ nach Senge

Das, was ich sage (rechte Spalte), ist oft nicht das, was ich denke (linke Spalte). Innerbetriebliche Kommunikationskultur hat einen eigenen Rhythmus. Diskussionen verlaufen oft unter Zeitdruck und beschränken sich auf den Austausch der gegenseitigen Argumente und auf die Annahme, man hätte sich gegenseitig verstanden.

Die eigenen Gedanken offenzulegen, könnte auch bedeuten, einer Auseinandersetzung Raum zu geben und sich mit seinen ehrlichen Ansichten zu exponieren. Je nach vorhandener Konfliktkultur verstößt man damit auch noch gegen implizite Regeln, die da beispielsweise lauten: „Heikle Themen werden bei uns nicht direkt angesprochen.“ Derartige Spielregeln stehen oftmals im Widerspruch zu vorhandenen Leitbildaussagen, die eine offene und transparente Kommunikation versprechen. Dialog-Gespräche können einen Beitrag leisten, solche Diskrepanzen aufzulösen.

Die Vorstellung der linken und rechten Spalte sei anhand eines typischen Beispiel aus dem Arbeitsalltag veranschaulicht:

Linke Spalte Was ich als Vorgesetzter von Marc denke	**Rechte Spalte** Was ich Marc, dem Projektleiter, sage
Alle sagen, die Präsentation sei ein Flop gewesen.	Ich: „Hallo Marc, wie ist deine Präsentation des Projekts gestern gelaufen?" Marc: „Na, ich weiß nicht recht. Es ist noch zu früh, um das zu beurteilen. Das Projekt ist ziemlich komplex und für viele ungewohnt."
Weiß er es nicht oder will er es sich nur nicht eingestehen? Er hat Angst, der Wahrheit ins Gesicht zu sehen. Es fehlt ihm an Selbstvertrauen, sonst würde er etwas daraus lernen und merken, wie katastrophal die Auswirkungen für unsere Abteilung sein werden.	Ich: „Das Projekt ist sehr wichtig für unsere Abteilung. Was sollten wir deiner Ansicht nach weiter unternehmen?" Marc: „Da bin ich noch unentschlossen. Am besten warten wir einmal ab und sehen, was geschieht."
Typisch, er hat keine Ahnung, was er jetzt tun sollte! Ich muss einen Weg finden, um ihm Feuer unterm Hintern zu machen, sonst läuft das Projekt auf Grund.	Ich: „Vielleicht hast du recht, aber meinst du nicht, wir sollten ein wenig mehr tun, als nur warten?"

Was ist passiert?

Die eigenen Annahmen über Marc waren seinem Vorgesetzten möglicherweise selbst nicht klar bewusst. Er war zwar erschüttert und wütend über Marcs Reaktion, hat sich aber nicht vergegenwärtigt, dass er glaubt, dass Marc wenig Selbstvertrauen hat und generell eher wenig Initiative zeigt. Sein Bild von Marc hat sein eigenes Verhalten gesteuert. Er schont ihn, redet indirekt und bleibt ohne Verbindlichkeit. Das Misstrauen gegenüber Marc hat sich weiter verstärkt und für Marc ist es eine verpasste Lernchance. Zurück bleibt für beide ein ungutes Gefühl.

Ein Dialog-Gespräch wäre anders verlaufen. Das vertiefende Nachfragen hätte es Marc ermöglicht, die wirklichen Geschehnisse zu berichten. Mit dem herzvollen Plädieren hätte der Vorgesetzte seine Annahmen klären und zusammen hätten sie das weitere Vorgehen festlegen können.

Eine Anregung zur Selbstreflexion

- Was würde sich für Sie verändern, wenn Sie vermehrt die linke Seite offenlegen würden?
- Welche Befürchtungen sind damit verbunden?
- Was denken Sie, wie Ihre Mitarbeitenden reagieren würden?

3.4.3 Lob und Tadel – Anerkennung und Kritik

Lob und Tadel sind im betrieblichen Alltag häufig und beide durch zumeist unerwünschte Wirkungen gekennzeichnet. Die Absicht eines Lobs ist nicht deckungsgleich mit dessen Wirkung. Lob und Tadel stellen ein Oben und ein Unten her. Der Mitarbeiterin, dem Mitarbeiter wird vermittelt: „Ich weiß es besser, deshalb beurteile ich, was richtig und falsch ist." Das Bewertungsmonopol liegt bei der Führungskraft. Ein Lob, das im Erleben klein macht, statt Aufwind gibt.

Ein kurzer Blick in meinen Beratungsalltag

In einem Lehrerkollegium ist das Klima in den letzten Monaten schleichend schlechter geworden. Eine Mehrzahl der Lehrpersonen klagte über Demotivation und Unwohlsein, ohne die genaue Ursache benennen zu können. In einem Dialog-Gespräch im Plenum kamen wir den Stolpersteinen nach und nach auf die Spur. Ein Jahr zuvor hatte es einen Wechsel in der Schulleitung gegeben. Die neue Schulleiterin war sehr innovativ, allseits präsent und legte Wert auf Kontrollen. Getreu der Notenkultur begann sie, Lob und Tadel zu verteilen. Die Lehrpersonen bekamen das Gefühl, andauernd bewertet zu werden. Das anfänglich angenehme Gefühl, wahrgenommen zu werden, verwandelte sich schnell in ein dumpfes Unwohlsein. Benoten und richtig und falsch verteilen ist für die Lehrpersonen ein Stück Alltag, etwas Vertrautes. Deshalb haben sie nicht erfasst, was mit ihnen in dieser neuen Kommunikations- und Führungskultur passiert ist. Als eine Lehrperson zu erzählen begann, dass sie sich am Vortag nach einem kurzen Gespräch mit der Schulleitung wieder so schlecht gefühlt habe, obschon diese sie ja für den von ihr verfassten Elternbrief gelobt habe, wurde klar, was passiert ist. Mit vertiefenden Fragen wurde zudem schnell deutlich, dass sich mit dem ausgesprochenen Lob ein Lehrerinnen-Schüler-Verhältnis entwickelt hat. Die Lehrperson ist geschrumpft und die Schulleiterin hat sich in ihrer Führung gestärkt gefühlt, da sie ja Bestnoten verteilt hat. Ein Raunen ging durchs Plenum und von einer Mehrheit der Lehrpersonen wurde diese Art der Kommunikation als eine wichtige Ursache für die Klimaverschlechterung bestätigt. Das zweite wichtige Thema war dann das Maß an Kontrolle, das ich hier nicht weiter ausführe.

Mit dem Aussprechen von Lob und Tadel geht die Augenhöhe verloren und gleichzeitig ist diese Form einer Rückmeldung nicht differenziert genug. Anders verhält sich dies bei **Anerkennung und Kritik**. Diese Form der Rückmeldung steht klar in Bezug zu Leistung und Verhalten. Sowohl die Anerkennung als auch die Kritik basieren auf beobachteten Fakten.

Mit einem entsprechenden Aufbau (Beobachtungen, Gefühle, Auswirkungen und Erwartungen) kann verhindert werden, dass Vorwürfe und Du-Botschaften entstehen. Die, der Sprechende teilt ihre, seine Beobachtungen mit, benennt damit verbundene Gefühle, veranschaulicht die Konsequenzen, die das beobachtete Verhalten oder das Vorgehen für die Sache hat und formuliert eigene Erwartungen an das weitere Vorgehen.

Anerkennung und Kritik sollten in den Alltag integriert werden. Eine offene und transparente Gesprächsführung zeigt den Mitarbeitenden, wo Erwartungen erfüllt bzw. nicht erfüllt wurden, was beibehalten oder korrigiert werden sollte.

Anerkennungs- und Kritikgespräche haben eine klare Zielsetzung. Mit einer Anerkennung ist neben der Wertschätzung für die Mitarbeiterin, den Mitarbeiter auch die Erwartung verbunden, dass durch das Benennen das „Gute" beibehalten und weitergeführt wird. Bei einer Kritik ist das Ziel ein Abgleich der Erwartungen und damit verbunden eine Veränderung der kritisierten Aspekte. Das Gespräch basiert auf den Beobachtungen und der Einschätzung der Führungsperson. Anschließend nimmt die Mitarbeiterin, der Mitarbeiter Stellung dazu und umschreibt die eigene Sichtweise. Je nach Anlass und Schweregrad der Kritik enden diese Gespräche mit einem Wunsch, einer Forderung, einer mündlichen Zielvereinbarung oder gar einer schriftlichen Zielvorgabe.

Ein fairer und selbstverständlicher Umgang mit Anerkennung und Kritik fördert das Offenlegen und Besprechen von Fehlern. Eine respektvolle und zeitnahe Feedbackkultur ist ein wichtiger Teil der Qualitätssicherung und gleichzeitig Grundlage für einen konstruktiven Umgang mit Spannungen und Konflikten. Bei ausreichendem Vertrauen kann diese Gesprächsstruktur auch dazu verwendet werden, um der vorgesetzten Person ein Feedback zu geben.

Der dialoghafte Aufbau eines Kritikgesprächs ist eine zusätzliche Möglichkeit. Je nach Situation ist die eine oder die andere Form geeigneter. Was ist der Unterschied in einem dialogartigen Vorgehen? In einem Dialog-Gespräch, das aus einem aktuellen Anlass geführt wird (im Gegensatz zu dem jährlichen Dialog-Gespräch anstelle eines jährlichen Beurteilungsgesprächs), wird als Einstieg das Thema benannt, das gemeinsam reflektiert werden soll. Mittels Erkundens und Plädierens wird das Thema vertieft und reflektiert, damit aus den gewonnenen Erkenntnissen ein neues Vorgehen entwickelt werden kann. Hier steht das Gewinnen breiter Erkenntnisse im Vordergrund. Die Leistung und das Verhalten der Mitarbeiterin, des Mitarbeiters sind Teil der Reflexion, stehen aber weniger im Vordergrund. Durch das Erkennen der Zusammenhänge im Gesamtkontext wird darauf vertraut, dass Leistung wie Verhalten bei Bedarf angepasst werden.

Die Eigenverantwortung und die Selbstführung der Mitarbeitenden werden im Dialog-Gespräch grundsätzlich höher gewichtet. Vorgaben werden zurückhaltender eingesetzt.

Die Kernkompetenzen des Dialogs sind wertvolle Ergänzungen der Feedback-Gespräche.

Eine Anregung zur Selbstreflexion

- Was sind Ihre Erfahrungen mit Lob und Tadel?
- Welche Gefühle lösen bei Ihnen undifferenzierte Rückmeldungen aus?
- Wie häufig sprechen Sie Anerkennungen respektive Kritik direkt aus?
- Wie selbstverständlich gehören Kritik und Anerkennung zum beruflichen Alltag? Sind sie Teil der Kommunikationskultur?

3.4.4 Wertschätzung und Empathie

Wertschätzung ist mittlerweile ein inflationär verwendeter Hilfeschrei geworden. Es gibt kaum eine Beratung, die den Wunsch nach mehr Wertschätzung nicht thematisiert. Wie erklärt sich dies? Wertschätzung wird im Arbeitsalltag meist mit Leistung und Verhalten verknüpft, damit verliert sie die ersehnte Wirkung.

Wertschätzung gilt dem Menschen, seinem Dasein und nicht seiner Leistung oder seinem Verhalten. Damit wird sie zu einer Königsdisziplin, die nährt. Wertschätzung ist eine Frage der Haltung. Der Mensch wird in seinem So-Sein gesehen und gewürdigt, er wird in seiner Würde und in seinem Wert erkannt.

Wie kann echte Wertschätzung gezeigt werden?

- Sich Zeit nehmen für eine dialoghafte Vertiefung eines Themas. Dabei erfährt die Mitarbeiterin, der Mitarbeiter Beachtung und Zuwendung.
- Interesse zeigen, hinhören und Zwischentöne wahrnehmen.
- Dem Mitarbeiter, der Mitarbeiterin das Gefühl geben, wichtig für das Team, die Abteilung zu sein.
- Dankbarkeit ausdrücken: „Schön, dass Sie Ihre Arbeitskraft für unseren Betrieb hergeben."
- Ein herzliches „Guten Morgen!" – Gefühle wirken stärker als sachliche Argumente.
- Respekt und Wohlwollen für den Menschen.
- Vertrauen schenken durch Übertragen von Verantwortung und Einbezug in wichtige Entscheidungen.
- Die Menschen mögen.

„Im Vorübergehen fragt mich mein Nachbar, wie es gehe. Er fragt nicht, weil er mitgehen will, er fragt, weil er weitergehen will. Ich antworte, es geht. Aber es geht nicht, so nicht!“ (R. Bohren)

Die Grundhaltung und die praktizierten vier Kernkompetenzen eines Dialog-Gesprächs ergeben gelebte Wertschätzung.

Empathie, die Fähigkeit einen Perspektivenwechsel vorzunehmen, sich in andere einzufühlen und „in ihren Schuhen zu laufen“, ist Ausdruck von Menschlichkeit im Führungsalltag. Gedanken, Gefühle, Sichtweisen, Bedürfnisse, Werte und Absichten verstehen, bedeutet, mit Kopf und Herz bei der Mitarbeiterin, beim Mitarbeiter zu sein. Die Bedeutung der Empathie wird mittlerweile auch in der Arbeitswelt anerkannt, denn sie ist auch ein gewichtiger Faktor für eine erfolgreiche Teamarbeit. Wie kann Zusammenarbeit gelingen, wenn man sich nicht wirklich versteht?

Empathisch sein ist Arbeit. Es erfordert Präsenz, ein Hinhören und ein echtes Interesse am Menschen. Gleichzeitig gelingt Empathie nur, wenn man sich selbst nach innen öffnen kann und sich selbst spürt. Selbstempathie ist eng verknüpft mit einem guten Körperempfinden und der Fähigkeit, die eigenen Gefühle und Emotionen wahrzunehmen. Innehalten und sich spüren ist im hektischen Führungsalltag oft eine Herausforderung. Sich den vorhandenen Leistungsdruck, den Ärger und die Angst vor falschen Entscheidungen einzugestehen, hilft, besser mit diesen Aspekten umzugehen. Verdrängung und Stress sind kein Erfolgspaar.

Es ist wichtig, eine gute Balance im Umgang mit eigenen und fremden Gefühlen zu finden. Manchmal ist eine innere Distanzierung zu den Emotionen der anderen angebracht und manchmal bedarf es eines empathischen Zugehens auf eine Person mit Ärger und Kummer. Kurze Momente des Innehaltens und des Entschleunigens stärken die Selbstempathie und verhindern das Verdrängen und Unterdrücken von Gefühlen und Körpersignalen.

Mit der Kraft von Dialog-Gesprächen wächst die Empathie für sich selbst und für die anderen. Empathie stärkt die sozialen Bindungen.

Ein kurzer Blick in meinen Beratungsalltag

Nur ein kleiner Ausschnitt aus einer komplexen Konfliktberatung zwischen einem Vorgesetzten und seinem Team: Im Rahmen von Einzelgesprächen zwecks Ergründens der vorhandenen Streitpunkte wurde von allen Beteiligten immer wieder herausgehoben, wie verletzend und demotivierend es ist, wenn auf der menschlichen Ebene keine Resonanz besteht. Auf meine Frage, was denn das Fehlende sei, wurden drei Aspekte sehr betont.

- *Der Vorgesetzte spiegelt empathisch seine Wahrnehmungen zurück, doch diese sind meist unzutreffend.*
- *Der Vorgesetzte interpretiert unsere Aussagen falsch.*
- *Der Vorgesetzte nimmt uns als Menschen nicht wahr.*

Die Selbsteinschätzung des Vorgesetzten war tatsächlich diametral entgegengesetzt. In seinen früheren Stellen herrschte ein permanenter Konkurrenz-, Leistungs- und Zeitdruck. Leistung und Erfolg standen in der Rangfolge weit vor Menschlichkeit. Weiche Faktoren wurden belächelt und man war sich einig, dass man nicht bezahlt würde, um eine Kuschelatmosphäre zu schaffen. Mit seinem kürzlich erfolgten Stellenwechsel hat er sich innerlich von dieser Art der Unternehmenskultur verabschiedet und bewusst ein sozialeres Klima gewählt. Mit viel Schmerz musste er erkennen, dass sich durch sein Ja zu einer menschlicheren Kultur sein gewohntes Verhalten noch nicht geändert hatte. Seine mutigen Versuche, empathisch auf die Mitarbeitenden einzugehen, sind fehlgeschlagen. Gleichzeitig hat er auch erkannt, wie wenig er mit seinen Körperempfindungen verbunden war. Leistung erbringen unter Hochdruck hatte vorher bedeutet, störende Gefühle zu verdrängen und einseitig die Willenskraft zu forcieren. In einem sehr persönlichen und berührenden Gespräch hat er erzählt, dass er erkannt habe, wie sehr diese frühere Arbeitskultur aus ihm einen kalten und unnahbaren Menschen gemacht und dass sich dies auch auf sein Privatleben ausgewirkt habe.

Eine Anregung zur Selbstreflexion

- Wie zeigen Sie Ihren Mitarbeitenden Ihre Wertschätzung?
- Welchen Stellenwert hat Menschlichkeit in Ihrem Führungsalltag?
- Wie gut sind Sie mit sich selbst im Kontakt?
- Wie ausgeprägt ist Ihre Selbstwahrnehmung (Gedanken, Gefühle, Körperempfindungen)?

Ein mit Sachinformationen überfülltes Referat erreicht die Menschen nicht. Erst durch eine mit Herz vorgetragene Botschaft, die das innere Engagement widerspiegelt, können Menschen begeistert und zum Zuhören animiert werden. Analog ist es bei der Personalführung. Um Menschen zu gewinnen und Bindung herzustellen ist Menschlichkeit vonnöten. Eine rein sachliche Zielorientierung macht den Menschen zum Mittel, statt zum Zweck. Dialog-Gespräche fördern die Empathie.

3.4.5 Einzigartigkeit, Verschiedenheit und Einheit

Wir Menschen haben eine tiefsitzende Sehnsucht, in unserer Einzigartigkeit wahrgenommen und erkannt zu werden. Dies schafft in der Tiefe Einheit und ermöglicht Verschiedenheit. Das Erkennen der Einzigartigkeit stärkt die Selbstkompetenz und fördert die Bindung zum Unternehmen. Einzigartigkeit bedeutet, den Menschen mit tiefem Respekt und ohne jede Bewertung in seiner Persönlichkeit zu erkennen.

Das vertiefte Erfassen der Persönlichkeit ermöglicht, verborgene Talente und Stärken wahrzunehmen und Mitarbeitenden dadurch entsprechend einzusetzen und zu fördern.

Mit der Einzigartigkeit der Menschen werden auch die Unterschiede deutlich. Verschiedenheit ist immer da und beinhaltet das Potenzial der Ergänzung. Die Verschiedenheit muss genauso wie die Einzigartigkeit bewusst wahrgenommen werden. Verschiedenheit schafft Synergien – sie ist eine wichtige Quelle für Innovationen und Problemlösungen. Der bewusste Umgang mit Verschiedenheit bedarf einer konstruktiven Auseinandersetzung und eines wertschätzenden Umgangs mit der Einzigartigkeit. Es geht darum, Brücken zu bauen und Trennendes zusammenzuführen, indem Unterschiede und Gemeinsamkeiten bewusst gemacht werden.

Durch eine konstruktive Vielfalt entstehen in einem Team Momente der Einheit, Höhepunkte in der Zusammenarbeit. In der Beschreibung von Mitarbeitenden sind dies die Momente, in denen einfach alles gestimmt hat und das Team zu Höchstleistungen fähig war. Ein leistungsstarkes Team lebt von der Dynamik der Unterschiedlichkeit.

„Jeder ist ein Genie. Aber wenn wir einen Fisch danach bewerten, ob er auf einen Baum klettern kann, dann lebt er sein ganzes Leben in dem Glauben, er wäre dumm." (Albert Einstein)

Die Dialog-Gespräche unterstützen das Erkennen der Einzigartigkeit. Mit dem Ergründen der hinter einer Aussage liegenden Annahmen, Interpretationen und Gefühle wird die Individualität des Menschen immer sichtbarer.

Eine Anregung zur Selbstreflexion

- Wie erkennen und wertschätzen Sie die Einzigartigkeit Ihrer Mitarbeitenden?
- Wie bewusst gestalten Sie den Umgang mit Verschiedenheit?

- Wann und wie zeigen sich in Ihrem Team Momente der Einheit?
- Wo sehen Sie den größten Nachholbedarf?

Das Modell der „Einzigartigkeit, Verschiedenheit und Einheit“ habe ich in einem Leadership-Seminar bei Anna Gamma im Lassalle-Institut in Bad Schönbrunn kennengelernt. Um zu erfahren, was Einzigartigkeit bedeutet, wurde die 25-köpfige Seminargruppe zu einer Übung im Plenum eingeladen. Reihum bekamen alle Teilnehmenden von allen Gruppenmitgliedern Rückmeldungen zu der von ihnen wahrgenommenen Einzigartigkeit. Damit diese Aufgabe nicht auf der reinen Verstandesebene gelöst wurde, wurden wir aufgefordert, einander Rückmeldungen in Form von Analogien und Bildern mitzuteilen. Es hat mich berührt, wie in der Vielfalt der jeweiligen Bilder für sich selbst stets auch ein roter Faden sichtbar wurde und sich das Typische der jeweiligen Einzigartigkeit herauskristallisiert hat. Gleichzeitig hat sich die Energie im Raum beträchtlich verändert: Alle fühlten sich miteinander verbunden und durch das Gefühl der Einheit entstand eine ganz besondere Stimmung, die unausgesprochene Wertschätzung ausdrückte.

3.4.6 Akzeptanz

Wir Menschen sind es gewohnt, etwas wahrzunehmen, dies blitzschnell zu interpretieren, zu bewerten, unsere Schlussfolgerungen zu ziehen und darauf aufbauend zu handeln. Diese Entstehungsweise unseres Tuns reduziert Komplexität und macht uns in der Unmenge auf uns einwirkender Informationen rasch handlungsfähig. Gleichzeitig verhindert sie aber eine neutrale Sicht. Wir betrachten die Situation vor dem Hintergrund unserer Erfahrungen und unserer Annahmen, wie die Welt ist oder gar zu sein hat.

Das, was ich von einer Situation erwarte, bestimmt also mein Erleben. Unsere Denkmuster und Projektionen sind schneller und vertrauter als eine neutrale Betrachtungsweise. Diese Mechanismen erschweren es uns, die Welt aus den Augen des anderen zu betrachten, und ihn oder sie mit allen seinen, ihren Annahmen und Denkmustern zu verstehen. Annehmen was ist, heißt nicht, damit einverstanden zu sein oder gar die andere Sichtweise zu übernehmen. Wenn ich akzeptiere, was ist, kämpfe ich nicht mit Ärger und Aggression gegen die Realität an, sondern ich suche nach Lösungen, wie ich das, was mir nicht gefällt, verändern kann.

Gedankliche Bewertungen, Abwertungen und Ärger erzeugen Stress, aber keine Veränderung. Die Beziehung ist spannungsgeladen und die Chance groß, dass Du-Botschaften Einzug halten. Um die Wurzeln des Ärgers zu finden, muss man in der Regel nicht tief graben. Ärger bedeutet übersetzt: Ich bekomme nicht, was ich will.

Zur Veranschaulichung folgendes Beispiel:

Ich beobachte:

Nur das, was ich wirklich sehe, was von allen gleich wahrgenommen wird (Fakten): Vier Teammitglieder machen Pause und sitzen schweigend an einem Tisch.

Ich interpretiere:

Ich entwickle eine Theorie, eine Geschichte über das, was sich ereignet haben könnte: Die haben einen ungelösten Konflikt untereinander.

Ich bewerte:

Ich verknüpfe das Bild der Situation mit meinen Erfahrungen und bewerte, was ist: Typisch, neue und langjährige Mitarbeitende, die kurz vor ihrer Pensionierung stehen, können einfach nicht zusammenarbeiten.

Meine Schlussfolgerungen:

Aufgrund der vorherigen drei Denkschritte ziehe ich mein Fazit: Wir müssen unbedingt eine Lösung finden für diese beiden Mitarbeitenden, die kurz vor ihrer Pensionierung stehen. So geht das nicht weiter.

Ich handle:

Ich handle in der Annahme, dass meine entwickelten „Kopfbilder" die Realität darstellen: Ich vereinbare einen Gesprächstermin mit meiner Vorgesetzten und bitte gleichzeitig um den Einbezug des HR-Verantwortlichen.

Wie es wirklich war? Viele Geschichten sind denkbar!

Es lohnt sich, diese Automatismen zu durchbrechen. Ein wichtiger Aspekt der Dialog-Gespräche ist es, sich diese Leiter von der Beobachtung bis zu den Schlussfolgerungen gemeinsam bewusst zu machen. Den Sachverhalt ohne Bewertungen zu beschreiben, zu vertiefen und diese Realität anzunehmen als das, was sie ist, schafft gegenseitiges Verständnis. Die Fähigkeit zu akzeptieren, was ist, ermöglicht den zweiten Schritt, der mit der simplen Frage „Und jetzt?" eingeleitet werden kann. Akzeptanz für das, was ist, schützt vor einem sinnlosen Kampf, der nur verloren werden kann. Anhand des Themas „Wetter" kann dies einfach veranschaulicht werden: Es blitzt und donnert, das Gewitter findet statt – ob ich mich ärgere oder nicht. Viele unserer Schwierigkeiten haben ihren Ursprung darin, dass wir gegen das Unvermeidliche kämpfen.

Der persönliche Ärger ändert die Realität nicht, jedoch versetzt die Frage „Und jetzt?“ in die Lage, über Alternativen und Lösungen nachzudenken. Eine Bergwanderung während eines starken Gewitters ergibt keinen Sinn, was tue ich also stattdessen?

In einem Dialog-Gespräch erkannte Wissenslücken, fehlendes Können oder nicht dienliche Verhaltensaspekte entsprechen der Realität *und jetzt* werden gemeinsam Lösungen und Maßnahmen entwickelt. Akzeptieren, ohne zu bewerten ist harte Arbeit. Dieses Denkschema zu verlassen, verlangt Disziplin. Manchmal benötigt es auch Mut, sich den eigenen Gedanken und Gefühlen und den daraus entstandenen Bewertungen zu stellen.

Trotz allem Ungewohnten ist der Nutzen einer bewertungsfreien Denkweise und Kommunikation groß, denn es fällt viel sinnloser Ärger weg, stattdessen erstarken Selbstführung und damit auch Selbstwert.

Mit der Akzeptanz dessen, was ist, entfällt die Möglichkeit, die Verantwortung für das eigene Erleben an andere abzugeben. Nicht die anderen sind schuld, sondern hier ist eine Situation, die eine Lösung verlangt, weil das, was ist, nicht als solche dient. Nicht der andere ist das Problem, sondern ich habe ein Problem zu lösen – *„Und jetzt, was kann ich tun?“*.

Ein kurzer Blick in meinen Beratungsalltag

Viele Studien belegen, dass Beziehungsgestaltung und Qualität der interpersonalen Begegnung zentrale Wirkfaktoren eines Coaching-Prozesses sind. Der folgende Gesprächsausschnitt aus einer Coaching-Sitzung mit einem 45-jährigen Radiologen, der aus seiner Sicht durch Intrigen und Machtspiele seiner Kollegen seine neue Anstellung an einem Privatspital verloren hat verdeutlicht dies.

„Warum nur habe ich diesen Kollegen so vertraut? Warum habe ich nicht gemerkt, dass mich die Kollegin hintergeht“? – Diese und ähnliche Gedanken haben ihn Tag und Nacht beschäftigt, ohne dass er eine zufriedenstellende Antwort gefunden hat. Beim vertieften Ergründen der Situation wurde deutlich, dass die Ursache an ganz anderer Stelle lag. Ein sehr dominanter Vater, zwei autokratische Chefs haben bei ihm bewirkt, dass er innerlich beschlossen hat, sich künftig nichts mehr bieten zu lassen. Entsprechend war sein Verhalten an dieser neuen Stelle. Akzeptanz war für ihn ein Fremdwort geworden. Gleichzeitig bewertete er permanent alles und jeden. Die Anstellungsbedingungen,

die Dienstpläne, die Arbeitsqualität der Kolleginnen und Kollegen und vieles mehr wurden ständig als schlecht taxiert. Wohlgemeinte Rückmeldungen hat er überhört und auch nicht wahrgenommen, wie sich das Klima im Team verschlechtert hat und die Kolleginnen und Kollegen begannen, ihm auszuweichen. Die Kündigung durch den Chefarzt war eine folgerichtige Reaktion auf sein Verhalten. Mit tiefer Trauer und Scham hat er erkannt, dass diese Kündigung in der Probezeit der Spiegel seiner mangelnden Akzeptanz und seiner permanenten Bewertungen war. Es war ein schmerzhafter Prozess, bis es gelungen ist, Akzeptanz nicht mit Duckmäuserei gleichzusetzen, sondern zu erkennen, dass dies die Grundlage ist, um sich zu fragen: „Und jetzt, wie kann ich das, was nicht dient, verändern und welche Aspekte muss ich annehmen, wie sie sind, da sie nicht veränderbar sind?“. Das nicht Veränderbare anzunehmen, ohne andauernd alles zu kritisieren und zu bewerten, war die zweite große Herausforderung. Bei der neuen Stelle stand für ihn die Selbstführung an erster Stelle. Nach einem halben Jahr war er gut integriert und wurde für sein Können geschätzt.

Eine Anregung zur Selbstreflexion

- Welche Situationen sind besonders schwierig zu akzeptieren?
- Welche Befürchtungen verbinden Sie mit Akzeptanz?
- Wie verhalten Sie sich, wenn Sie erkennen, dass das, worüber Sie sich ärgern, nicht veränderbar ist?
- Wie bewusst stellen Sie sich die Frage „Und jetzt?“, um nach dem Annehmen dessen, was ist, ins selbstbestimmte Handeln zu kommen?

3.4.7 Methodische Hilfen

Mit diesen Herangehensweisen lässt sich achtsam die eigene Akzeptanz stärken und lassen sich Bewertungen erkennen und auflösen.

Bewusstes Betrachten

Nehmen Sie sich einen Moment Zeit und betrachten Sie einen Baum, ein Haus, ein Auto etc. Nehmen Sie wahr, welche Gedanken und Interpretationen in Ihnen aufsteigen. Versuchen Sie, diese wegzulassen, und betrachten Sie das gewählte Objekt ohne Bewertungen und nehmen Sie wahr, was sich verändert.

Innehalten zwischen Reiz und Reaktion

Anstatt dem ersten Handlungsimpuls unreflektiert zu folgen, halten Sie kurz inne, atmen Sie einmal tief ein und aus und nehmen Sie Ihren Körper, Ihre

Gedanken und Gefühle wahr. Danach entscheiden Sie, was jetzt Sinn ergibt, was Sie tun wollen.

Distanz schaffen

Stellen Sie sich vor, Sie sitzen in der ersten Reihe im Kino und betrachten das Geschehen, das Verhalten der Beteiligten wie einen Film auf der Leinwand. Es ist, wie es ist – und jetzt? Welche Möglichkeiten haben Sie?

In den Schuhen der anderen Person stehen

Überlegen Sie sich, welche Gründe diese Person für ihr Verhalten hat und wie sie wohl diese Situation erlebt. Nehmen Sie wahr, was sich bei Ihnen verändert, und überlegen Sie sich, bei welcher Gelegenheit Sie diese Annahmen überprüfen können.

Innehalten und reflektieren

Nehmen Sie wahr, wie es Ihnen gerade geht. Welche Gefühle tauchen auf? Was ändert sich, wenn Sie alles akzeptierend betrachten?

3.4.8 Die Musterbrecher in der Übersicht

3.5 Dialog als Teil einer lernenden Organisation

3.5.1 Die lernende Organisation

Die ‚lernende Organisation' ist ein abstrakter Begriff mit vielfältigen Definitionen. Organisationales Lernen, als Prozess des Lernens verstanden, ist ein weites Feld von der Theorie des individuellen Lernens bis zu möglichen Lernprozessen im Unternehmen. Frei zusammengefasst definiert Senge die lernende Organisation als Ort, an dem Menschen kontinuierlich ihre Fähigkeiten vergrößern, um die Resultate zu erreichen, die sie wirklich anstreben, an dem neue, sich erweiternde Muster des Denkens gefördert, gemeinschaftliche Wünsche und Anliegen erkannt werden und Menschen kontinuierlich lernen, wie man miteinander lernt. Dabei ist es ein wichtiges Ziel, die Organisation so zu gestalten, dass sie zur steten Weiterentwicklung fähig ist.

Das systemische Instrument der folgenden fünf Disziplinen nach Senge fördert Bewusstheit und das Denken in Zusammenhängen.

1) Personal Mastery – Disziplin der Selbstschulung und Persönlichkeitsentwicklung.
2) Mental Models – mentale Modelle, die „Geschichten", die wir uns erzählen.
3) Shared Visioning – gemeinsame Vision.
4) Team Learning – Lernen im Team.
5) Systems Thinking – Denken in Systemen.

Die Disziplinen 1), 2) und 5) stehen in einer direkten Wechselwirkung mit den Dialog-Gesprächen.

Die Anwendung der Kernkompetenzen eines Dialogs unterstützt durch das bewusste Reflektieren und Ergründen der Hintergründe sowohl die Selbstschulung als auch die Selbstführung, wodurch die Persönlichkeitsentwicklung gestärkt wird. Gleichzeitig entsteht durch das Offenlegen der hinter einer Aussage liegenden Prozesse, Annahmen und Überlegungen eine vertiefte Betrachtungsweise, die allfällige Diskrepanzen zu vorhandenen Werten, Strategien und Zielsetzungen zu erkennen ermöglicht. Statt dass diese Unterschiede im Alltag als verborgene Reibungspunkte in Erscheinung treten, können sie auf diese Weise bewusst bearbeitet werden. Eine qualifizierte Auseinandersetzung fördert die Weiterentwicklung.

Die Methoden ❹ und ❺ (S. 55 und 57) fördern das Denken in Wechselwirkungen und verdeutlichen die Wirkungszusammenhänge vorhandener Systeme, was das systemische Denken fördert.

Der schnelle und anhaltende Wandel fordert von Unternehmen schnelle Anpassungen und Weiterentwicklungen auf allen Ebenen. Dies bedingt eine ausgesprochene Lernfähigkeit und Lernbereitschaft der Mitarbeitenden. Damit dies gelingt, sollte eine Lernatmosphäre geschaffen werden, die auch eine entsprechende Fehler- und Lernkultur beinhaltet.

3.5.2 Dialog als erweiterte Kommunikationsform

Vor 2400 Jahren hat Sokrates den Dialog gelehrt und praktiziert. Historisch gesehen eine alte und bewährte Form des Miteinander-Redens. Martin Buber und David Bohm sind zwei zeitgenössische Denkpioniere des Dialogs. Bohm hat als holistischer Denker und Forscher mit seinen weltweiten Dialog-Gruppen den Dialog auch in Unternehmen zum Thema gemacht.

In unserem Kulturverständnis ist es ungewohnt, das eigene und fremde Denken zu hinterfragen und wirklich verstehen zu wollen. Sich Zeit zu nehmen, um wirklich zu verstehen, hat in der Hektik des Alltags wenig Platz. Unsere Alltagskommunikation besteht aus Diskussionen mit unreflektierten Automatismen und Gewohnheiten, die eine schnelle, oft auch nur vermeintliche Verständigung ermöglichen. Das gegenseitige Argumentieren und Einander-überzeugen-Wollen kostet Energie und erzeugt eine Art Wettkampfsituation, in der es häufig nur um das Gewinnen und Verlieren geht. Dabei möchten doch alle nur gehört und mit ihren Werten und Ansichten verstanden werden.

Debatten und Diskussionen haben eine wichtige Funktion – wie der Dialog auch –, nur dass diese Form im Laufe der Zeit immer mehr in Vergessenheit geraten ist. Kommunikationsformen sind immer auch ein Spiegel der Zeit.

Wertorientierte Unternehmensführung gewinnt in Zukunft an Bedeutung. Damit verbunden werden sich auch die Kommunikationsformen erweitern und der Dialog könnte an Bedeutung gewinnen, da der Mensch wieder im Zentrum steht. Dialog-Gespräche erweitern das Repertoire der Gesprächsführung. Eine Dialogkultur im Unternehmen stärkt die Selbstverantwortung und fördert die Klarheit und das Verstehen zwischen den Menschen.

Die dialogische Kommunikation basiert auf der Erkenntnis, dass wir Menschen unsere Wirklichkeit auf der Grundlage mentaler Modelle konstruieren. Diese inneren Modelle sind die Basis für unsere Wahrnehmung, unsere Interpretationen und unser Handeln. So haben wir Menschen unsere individuellen Orientierungssysteme, die nach außen nicht ersichtlich sind. Um einander wirklich zu verstehen, ist es notwendig zu fragen, wie die Gesprächspartnerin, der Gesprächspartner eine Situation erlebt und versteht.

Eine Bereitschaft, die eigene Haltung, die inneren Überzeugungen und Bewertungen zu überprüfen und zu hinterfragen, entsteht nur in einer Atmosphäre von Respekt und Wohlwollen. Hinhören und wirkliches Verstehen-Wollen ermöglichen den offenen Austausch, wodurch sich das gegenseitige Verstehen vertieft. Mit dem Verstehen der je eigenen und fremden Sichtweisen entwickelt sich eine neue Qualität des Miteinanders.

Die Vernetzung der einzelnen Sichtweisen macht Zusammenhänge sichtbar und verbreitert die Betrachtungsweise. Dies ermöglicht eine breitere Lösungsfindung für die Sache und den bewussten Einsatz vorhandener Potenziale und Ressourcen.

4 Das Instrument: Dialog – der gemeinsame Erfolgsweg

Ziel der jährlichen Dialog-Gespräche ist eine gemeinsame Reflexion, das Teilen von Sichtweisen und das Gewinnen neuer Erkenntnisse für die Zukunft – weg von Beurteilungen hin zu einem Austausch auf Augenhöhe. Diese Form der jährlichen Standortgespräche fördert den gemeinsamen Erkenntnisgewinn und motiviert für die persönliche Weiterentwicklung. Die Dialog-Gespräche stärken die Beziehung und die Zusammenarbeit. Durch den Wegfall aufwändiger Vorbereitungen sind sie ressourcenschonend und erbringen einen eindeutigen Mehrwert für die Sache und die Menschen.

Drei Grundvoraussetzungen

- Rückmeldungen im Sinne von Kritik und Anerkennung zu Leistung und Verhalten sind zeitnah in den Arbeitsalltag integriert, ebenso der Austausch über gegenseitige Erwartungen.
- Bei stark defizitären Leistungen und Verhaltensproblemen, die sich trotz mehrerer Dialog-Gespräche nicht verbessert haben, ist es sinnvoll, ein Beurteilungsgespräch mit Bewertung durchzuführen und die Ergebnisse schriftlich festzuhalten. Im Falle einer Entlassung sind dies wichtige Grundlagendokumente.
- Der administrative Aufwand ist so gering wie möglich zu halten.

Finden Sie die für Sie und Ihr Unternehmen passende Form! Jede der fünf Grundideen kann an die eigenen Anforderungen angepasst werden.

4.1 Die fünf Methoden im Überblick

❶ *Sechs Kompetenzfelder als Basis für eine bilaterale Reflexion:* Dialog und Reflexion auf der Basis der sechs Kompetenzfelder Fach-, Sozial-, Selbst-, Veränderungs-, Führungs- und kulturelle Kompetenz.

❷ *Fünf Kompetenzfelder als Basis für eine Selbstreflexion im Team:* Präsentation einer Selbsteinschätzung mit Rückmeldungen im Team. Basis sind Fragen zu den fünf Kompetenzfeldern Fach-, Sozial-, Selbst-, Veränderungs- und kulturelle Kompetenz.

❸ *Sieben Themen für eine berufliche Standortbestimmung:* Dialog und Reflexion anhand eines vorgegebenen Leitfadens mit Fragestellungen zu den

Themen Anerkennung, Lernmöglichkeiten, Motivation, Bedenken, Veränderungen, Support und Ziele.

❹ *Acht Dimensionen für eine ganzheitliche Betrachtung des betrieblichen Alltags:* Dialog und Reflexion über die organisationalen Spannungsfelder Identität und operativer Alltag, Individualität und Kollektiv, Alltagsaufgaben und Wandel, Management und Leadership.

❺ *Drei zukunftsorientierte Erfolgsfaktoren einer lernenden Organisation:* Dialog und Reflexion über die drei zentralen Erfolgsfaktoren: Wertschätzen, was ist, Sinn und Gestaltungsfreiheit, Entwicklung und Veränderung.

4.2 Wahl der Methode

Allen Methoden gemeinsam ist, dass sie das Nachdenken über das eigene Handeln und die betrieblichen Gegebenheiten fördern. Eine hohe Reflexionskompetenz schützt vor erstarrten und unflexiblen Denkstrukturen sowie Handlungsmustern. Die Qualität entsteht im beurteilungsfreien Austausch. Wichtig ist, dass die Methode ausgewählt wird, deren Themenfelder die vorhandenen Anliegen am besten unterstützen.

Methode ❶

Das Vertraute in neuer Form – sechs Kompetenzfelder als Basis für eine bilaterale Reflexion.

- Unterstützt einen beurteilungsfreien Austausch über Leistung, Verhalten und betriebliche Gegebenheiten.
- Vertieft das gegenseitige Verstehen und hilft, gemeinsam neue Erkenntnisse zu gewinnen, ohne dass dabei eine Einigkeit erzielt werden muss.
- Macht vorhandene Entwicklungsfelder sichtbar.

Geeignet für Mitarbeitende mit und ohne Führungsfunktion.

Methode ❷

Ein Beitrag zu einer gemeinsamen Teamentwicklung – fünf Kompetenzfelder als Basis für eine Selbstreflexion im Team.

- Durch aufbauende und positive Rückmeldungen wird das gegenseitige Vertrauen im Team gestärkt.
- Fördert den konstruktiven und offenen Austausch von Kritik und Anerkennung im Arbeitsalltag.
- Festigt das Bewusstsein für die eigenen Stärken.

Geeignet für Mitarbeitende ohne Führungsfunktion.

Methode ❸

Ein wertschätzendes Entwicklungsgespräch – sieben Themen für eine berufliche Standortbestimmung.

- Ermöglicht das gemeinsame Erkennen vorhandener Stärken, Lern- und Entwicklungsmöglichkeiten.
- Unterstützt das Lernen aus der Vergangenheit und fokussiert auf wichtige Themen und Ziele für das kommende Arbeitsjahr.
- Fundiert die Führungsarbeit.

Geeignet für Mitarbeitende mit und ohne Führungsfunktion.

Methode ❹

Eine ganzheitliche und systemische Betrachtungsweise – acht Dimensionen für die Reflexion vier zentraler Spannungsfelder des betrieblichen Alltags.

- Befähigt, Muster und komplexe Zusammenhänge zu erkennen und dabei den Fokus auf das Wesentliche zu legen.
- Fördert einen bewussten Umgang mit Spannungsfeldern, Widersprüchen und Mehrdeutigkeiten.
- Hilft, persönliche und betriebliche Entwicklungsschwerpunkte in einem Gesamtzusammenhang zu sehen.

Geeignet für Mitarbeitende mit einer Führungsfunktion.

Methode ❺

Ein wertschätzender, sinnvoller und innovativer Dialog – drei zentrale Erfolgsfaktoren werden gemeinsam vertieft.

- Unterstützt einen wertebasierten Austausch.
- Fördert die Fähigkeit, in Selbstverantwortung und Entwicklung zu denken, wodurch die intrinsische Motivation gestärkt wird.
- Lenkt das Bewusstsein auf drei zentrale Erfolgsfaktoren.

Geeignet für Mitarbeitende mit und ohne Führungsfunktion.

4.3 Gesprächsvorbereitung

Für Führungskräfte beschränkt sich die Vorbereitung auf das Bewusstmachen der eigenen Haltung, auf die Auswahl der Methode und die Vereinbarung eines

Gesprächstermins. Bei Methode ❷ ist es hilfreich, der Mitarbeiterin, dem Mitarbeiter den jeweiligen Leitfaden im Voraus auszuhändigen. Eine Präsentation im Team benötigt mehr Sicherheit.

Haltung, innere Einstellung für einen energiereichen Dialog

Eine Haltung von Offenheit und Neugier, die Bereitschaft für einen Austausch auf Augenhöhe, die Fähigkeit hinzuhören und der Wille, das Gehörte zu vertiefen und wirklich zu verstehen – statt Bewertungen auszutauschen, schaffen Sie Raum für ein gemeinsames Entdecken dessen, was ist und was sein könnte. Dialog bedeutet einen beurteilungsfreien Austausch von Sichtweisen und Erfahrungen: Sich als das, was man tut, wahrzunehmen, ermöglicht, sich laufend zu verbessern.

Auswahl der Methode

Die Methoden ❶ und ❷ haben Modellcharakter. Sie bestimmen, welche Kompetenzfelder und welche Fragen Sie bearbeiten möchten. Im jährlichen Dialog-Gespräch werden in der Regel mehrere oder alle Kompetenzfelder besprochen. Bei Mitarbeitenden ohne Führungsfunktion wird dieses Kompetenzfeld weggelassen. Bei speziellen Vorkommnissen kann auch nur ein Kompetenzfeld vertieft besprochen werden. Anzahl und Auswahl der Fragen können an die jeweilige Situation angepasst werden. Die Methoden ❸ und ❹ sollten gemäß dem vorliegenden Leitfaden eingesetzt werden. Bei Methode ❺ sind die Satzanfänge und Fragen pro Themenbereich frei wählbar.

Termin, Ort und Unterlagen

Die Terminvereinbarung und die Raumreservation erfolgen mindestens zwei Wochen vor dem Gespräch durch die zuständige Führungsperson. Entsprechend der ausgewählten Methode wird der vorbereitete Leitfaden ausgedruckt und zur persönlichen Vorbereitung der Mitarbeiterin, des Mitarbeiters abgegeben. Dies gilt allerdings nur für die Methode ❷.

Häufigkeit

Zeitpunkt und Häufigkeit sind frei wählbar.

Dauer

Frei wählbar, im Durchschnitt eine Stunde.

Hilfsmittel zur Unterstützung für einen angeregten Dialog

Die Originalbroschüre beinhaltet sowohl Formatvorlagen zum Kopieren als auch zusätzliche Fragen und Satzanfänge. Einige Fragen und Aussagen, die helfen, das Gehörte zu vertiefen und zu konkretisieren, sind:

- Erzählen Sie mir bitte mehr dazu!
- Wie genau haben Sie das erlebt? Wer war noch beteiligt?
- Worin bestand Ihr Beitrag in dieser Situation/bei dieser Aufgabe?
- Welche persönlichen Überzeugungen haben zu diesen Überlegungen geführt? Was veranlasst Sie zu dieser Aussage?
- Wie haben Sie sich gefühlt nach dieser Präsentation, welche Gedanken gingen Ihnen durch den Kopf?

Vertiefende Fragen unterstützen den reflexiven Lernprozess, da die wechselseitigen Betrachtungsweisen die je eigenen Blickwinkel verbreitern.

„Die neue Form des Dialogs ist nicht nur ein Gespräch, sondern die Kunst, gemeinsam zu denken.“ (Daniel Gut)

4.4 Methoden und Leitfaden

4.4.1 Methode ❶

Wählen Sie die Kompetenzfelder und die dazugehörenden Fragen und Satzanfänge aus, die Sie in einem Dialog gemeinsam vertiefen möchten. Der nachfolgende Leitfaden dient als Musterbeispiel.

Der Dialog findet ohne inhaltliche Vorbereitung statt. Damit ist gewährleistet, dass es in diesem Gespräch um eine gemeinsame Meinungsbildung und nicht um eine Positionierung geht. Unterschiedliche Sichtweisen werden benannt, aber nicht aufgelöst. Die anschließende Definition der sechs Kompetenzfelder kann bei der Terminfestlegung zusammen mit der Information, dass der Dialog auf diese sechs Themenfelder aufgebaut ist, bekannt gegeben werden. Als Einführung sei eine kurze Umschreibung der einzelnen Kompetenzfelder gegeben.

Fachkompetenz
Ich und meine Arbeit

Das fachliche Können, die Qualität und die Lernbereitschaft sind wichtige Aspekte der Leistungserbringung. Die zugeteilten Aufgaben und Kompetenzen sowie die strukturellen Rahmenbedingungen sind wesentliche Einflussfaktoren.

Sozialkompetenz
Ich im Miteinander

Die Kommunikation, das individuelle Verhalten und das Arbeitsklima prägen die Zusammenarbeit. Ein offener und wertschätzender Umgang mit Rückmeldungen fördert das gegenseitige Vertrauen und ermöglicht Weiterentwicklung.

Kulturelle Kompetenz
Ich als Teil der Gesamtorganisation

Ein Bewusstsein für die angestrebten und die tatsächlich gelebten Werte einer Organisation unterstützt eine gezielte Weiterentwicklung der Kultur. Die Reflexion typischer Verhaltensmuster ist die Basis für das Erreichen der angestrebten Leitbildwerte.

Veränderungskompetenz
Ich und der Wandel

Der permanente Wandel ist zu einer Alltagsaufgabe geworden. Eine kontinuierliche Beobachtung der Umfeldveränderungen ermöglicht eine frühzeitige Anpassung an die angestrebten Ziele. Eine professionelle Gestaltung der Veränderungsprozesse unterstützt die Integration der Neuerungen.

Selbstkompetenz
Ich und meine Selbstführung

Eine reflektierte Selbstführung stärkt das eigenverantwortliche Handeln und fördert das Nutzen der gegebenen Handlungsspielräume. Der sorgfältige Umgang mit den Themen Arbeitsbelastung und eigene Leistungsgrenzen schützt vor ungewollten Leistungsschwankungen.

Führungskompetenz
Ich in meiner Führungsrolle

Klarheit in der Sache und das Fördern der Mitarbeitenden benötigen eindeutige Rahmenbedingungen und eine entsprechende Form der Einflussnahme. Eine reflektierte Führungshaltung und ein berechenbares Führungsverhalten schaffen Glaubwürdigkeit.

Der Leitfaden

Fachkompetenz
Ich und meine Arbeit

Mein größter Erfolg im vergangenen Jahr war ...

- Welche Faktoren haben es Ihnen ermöglicht, eine gute Leistung zu erbringen?
- Welche Stärken möchten Sie künftig noch vermehrt in Ihre Arbeit einbringen?

Drei Jahre später ...

- Welche neuen Fähigkeiten haben Sie sich angeeignet und welche Herausforderungen meistern Sie derzeit?
- Wer und/oder was könnte Sie dabei künftig unterstützen?

Sozialkompetenz
Ich im Miteinander

Mit meinem Zusammenarbeitsverhalten bewirke ich ...

- Wodurch wurde die kooperative Zusammenarbeit im Team gestärkt?

- Was schätzen Sie an Ihrer Rolle und an Ihrem Verhalten im Team am meisten?
- Was ist typisch für die Art und Weise, wie Sie kommunizieren und auf andere zugehen?
- Welche Aspekte der Zusammenarbeit möchten Sie künftig noch verstärken?

Kulturelle Kompetenz
Ich als Teil der Gesamtorganisation

Sinn und Zweck meiner Funktion ist ...

- Was ist aus Ihrer Sicht typisch für unsere Unternehmenskultur? Was gilt bei uns als selbstverständlich und als absolut wichtig?
- Welche der vorhandenen Kulturmerkmale unterstützen eine gute Ergebnisqualität und die Zufriedenheit der Mitarbeitenden?
- Welche unserer Leitbildwerte sind deckungsgleich mit Ihren persönlichen Wertvorstellungen?
- Welche Leitbildaussagen möchten Sie für sich im nächsten Jahr vermehrt reflektieren?

Veränderungskompetenz
Ich und der Wandel

Bei uns sind Veränderungen wie ein ...

- Wo sehen Sie in unserer „Abteilung“ den größten Veränderungsbedarf?
- Was können wir aus unseren Erfolgen und Misserfolgen lernen?
- Wie können wir noch besser werden?
- Welche Entwicklungen geben Ihnen Zuversicht für die kommenden Jahre?
- Wie kann das Vertrauen künftig noch gestärkt werden?

Selbstkompetenz
Ich und meine Selbstführung

Freiheit in der Arbeit bedeutet für mich ...

- Gibt es Situationen, in denen das eigenverantwortliche Entscheiden und Handeln zur Herausforderung wird?
- Was ist typisch für die Art und Weise, wie Sie Ihre Arbeit planen?
- Handeln Sie eher problem- oder lösungsorientiert?
- Wie zufrieden sind Sie mit Ihrem Energiemanagement?
- Was können Sie tun, um noch besser mit Ihren Ressourcen umzugehen?

Führungskompetenz
Ich in meiner Führungsrolle

Führung bedeutet für mich …

- Wie kommunizieren Sie innerhalb Ihres Verantwortungsbereichs die Strategie und die damit verbundenen Ziele?
- Wie zufrieden sind Sie mit Ihrer Zielerreichung?
- Wie drücken Sie gegenüber Ihren Mitarbeitenden Wertschätzung aus?
- Welche Führungsaspekte möchten Sie künftig vermehrt beachten?

4.4.2 Methode

Wählen Sie die Kompetenzfelder und die dazugehörenden Fragen und Satzanfänge aus, die Sie in einem Dialog im Team gemeinsam vertiefen möchten. Der nachfolgende Leitfaden dient als Musterbeispiel.

Geben Sie den Leitfaden an die Mitarbeiterin, den Mitarbeiter mit der Bitte weiter, sich für das Teamgespräch Stichworte zu den einzelnen Fragen zu notieren.

Ablauf

1. Die, der Vorgesetzte stellt den Ablauf im Team vor, verteilt den Leitfaden und leitet die Sitzung.
2. Die Mitarbeiterin, der Mitarbeiter präsentiert ihre, seine Sichtweise zu den einzelnen Kompetenzfeldern, d. h. zu den jeweiligen Fragen mündlich im Team.
3. Die Kolleginnen und Kollegen ergänzen das Gehörte mit eigenen Rückmeldungen.
   - Was ich an dir besonders schätze.
   - Wo ich für dich Möglichkeiten für eine Veränderung und Entwicklung sehe.

   Es ist zu beachten, dass sich die Rückmeldungen nur auf diese zwei Aussagen beziehen. Dies bedingt eine klare Sitzungsleitung.

4. Eine Protokollantin, ein Protokollant notiert z. H. der Mitarbeiterin, des Mitarbeiters die Rückmeldungen in Stichworten.

Im Anschluss an den Austausch im Team vereinbart die Vorgesetzte, der Vorgesetzte einen Termin für ein bilaterales Schlussgespräch. Beim Dialog-Gespräch im Team werden keine Vertiefungsfragen gestellt. Falls nötig können im anschließenden bilateralen Schlussgespräch einzelne Themen noch dialogisch vertieft werden.

Der Leitfaden

Fachkompetenz
Ich und meine Arbeit

- Wie zufrieden bin ich mit meiner erbrachten Leistung?
- Welche Hindernisse hatte ich zu überwinden?
- Welche Unterstützung habe ich bekommen?

Kulturelle Kompetenz
Ich als Teil der Gesamtorganisation

- Welcher Leitbildwert war mir besonders wichtig?
- Wo erlebe ich Differenzen zwischen meinen persönlichen Wertvorstellungen und den organisationalen Werten?

Selbstkompetenz
Ich und meine Selbstführung

- Wie weit ist es mir gelungen, Probleme eigenverantwortlich zu lösen?
- Worin bestanden im letzten Jahr meine größten Herausforderungen?

Sozialkompetenz
Ich im Miteinander

- Was sind typische Merkmale meiner Art und Weise, zu kommunizieren und in Kontakt zu treten?
- Worin bestand mein Beitrag zur Teamarbeit?

- Wie flexibel bin ich mit Veränderungen umgegangen?
- Wo besteht in unserer „Abteilung“ derzeit der größte Veränderungsbedarf?

4.4.3 Methode ❸

Ihre Wertschätzung und Unterstützung machen dieses Entwicklungsgespräch zu einem wertvollen Bestandteil der Führungsarbeit. Gemeinsam werden die Fragen vertieft, sodass sich ein detailliertes Verständnis für die jeweiligen Sichtweisen herausbildet und die Zusammenhänge sichtbar werden. Bei Bedarf kann der Leitfaden als Vorbereitungshilfe im Voraus ausgehändigt werden. Der Nachteil ist, dass dadurch das gemeinsame Erforschen dessen, was ist, weniger leicht in Fluss kommt.

Der Leitfaden

Ein Satzanfang als Einstiegshilfe für den Dialog

- Mein wichtigster Beitrag für die Organisation war ...

Ein Blick zurück auf das letzte Jahr: Anerkennung

- Was ist gut gelaufen?
- Was hat Sie besonders gefreut?
- Worauf sind Sie besonders stolz?
- Konnten Sie im vergangenen Jahr Ihre Talente und Fähigkeiten ausreichend in die Arbeit einbringen?

Lernmöglichkeiten

- Gibt es Ergebnisse oder Vorkommnisse, mit denen Sie eher unzufrieden sind?
- Gibt es Ziele und Erwartungen, die Sie nicht oder nur teilweise erfüllen konnten?
- Was waren für Sie im Rückblick wichtige Erkenntnisse und Lernfelder?

Ein Blick in die Zukunft: Motivation

- Worauf freuen Sie sich im kommenden Jahr besonders?
- Welche Herausforderungen motivieren Sie am meisten?

Bedenken

- Gibt es Probleme, für die Sie noch keine Lösung haben?
- Welche Energiefresser möchten Sie verändern?

Veränderungen

- Sind innerhalb Ihres Zuständigkeitsbereichs, Ihrer Funktion Veränderungen zu initiieren?
- Wo sehen Sie für unsere „Abteilung“, für das Unternehmen den größten Optimierungsbedarf?

Support

- Wie kann ich Sie und Ihre Arbeit künftig am besten unterstützen?
- Welche berufliche Weiterbildung würde Sie auf Ihrem Entwicklungsweg am besten unterstützen?

Ziele

- Welche spezifischen Ziele möchten Sie im kommenden Jahr erreichen?

4.4.4 Methode ❹

Mit dieser Reflexion fokussieren Sie die Aufmerksamkeit auf die Wechselwirkung zwischen personenbezogenen Aspekten und betrieblichen Gegebenheiten. Idealerweise findet auch dieser Dialog ohne inhaltliche Vorbereitung statt. Abwechselnd werden die Sichtweisen dargestellt und gemeinsam vertieft, bis der tiefere Sinn und die Zusammenhänge deutlich geworden sind.

Es ist empfehlenswert, am Ende des Dialogs ein persönliches Fazit zu formulieren. Das kann beispielsweise anhand folgender Gesichtspunkte passieren:

→ Einsichten, die ich für meine persönliche Weiterentwicklung nutzen möchte.

→ Erkenntnisse über den anstehenden Veränderungs-, Innovations- und Entwicklungsbedarf.

→ Eindrücke zu meiner Führung, die ich vertiefen möchte.

→ Quellen, aus denen ich Kraft schöpfe.

→ Mein künftiger Beitrag an die Weiterentwicklung der Unternehmenskultur.

→ Wünsche und Anliegen an meine Vorgesetzte, meinen Vorgesetzten

Der Leitfaden

Rahmenbedingungen im Spannungsfeld von Identität und operativem Alltag.

- Meine Identifikation mit dem Unternehmen, der Vision, der strategischen Ausrichtung und der vorhandenen Kultur.
- Meine Zufriedenheit mit den vorhandenen Ressourcen, der Infrastruktur und den organisatorischen Abläufen.

Prozess des Miteinanders im Spannungsfeld von Individualität und Kollektiv.

- Meine persönlichen Stärken und Schwächen im Arbeitsverhalten und in der Kommunikation.
- Mein Befinden im Team und mein Verhalten in der Zusammenarbeit. Mein Umgang mit Kunden und Partnern.

Aufgabenerfüllung im Spannungsfeld von Alltagsaufgaben und Wandel.

- Qualität und Quantität meiner Arbeit und meiner Ergebnisse. Mein Fachwissen und meine Weiterbildung.
- Mein Umgang mit Wandel, Veränderungen und Innovationen und meine Projekterfahrungen.

Prozess der Führung im Spannungsfeld von Management- und Leadership-Aufgaben

- Meine Stärken und mein Entwicklungsbedarf in der Kunst, die Sache zu steuern und die Menschen zu stärken.
- Meine wichtigsten Anliegen und Erfahrungen im Bereich meiner Managementaufgaben.

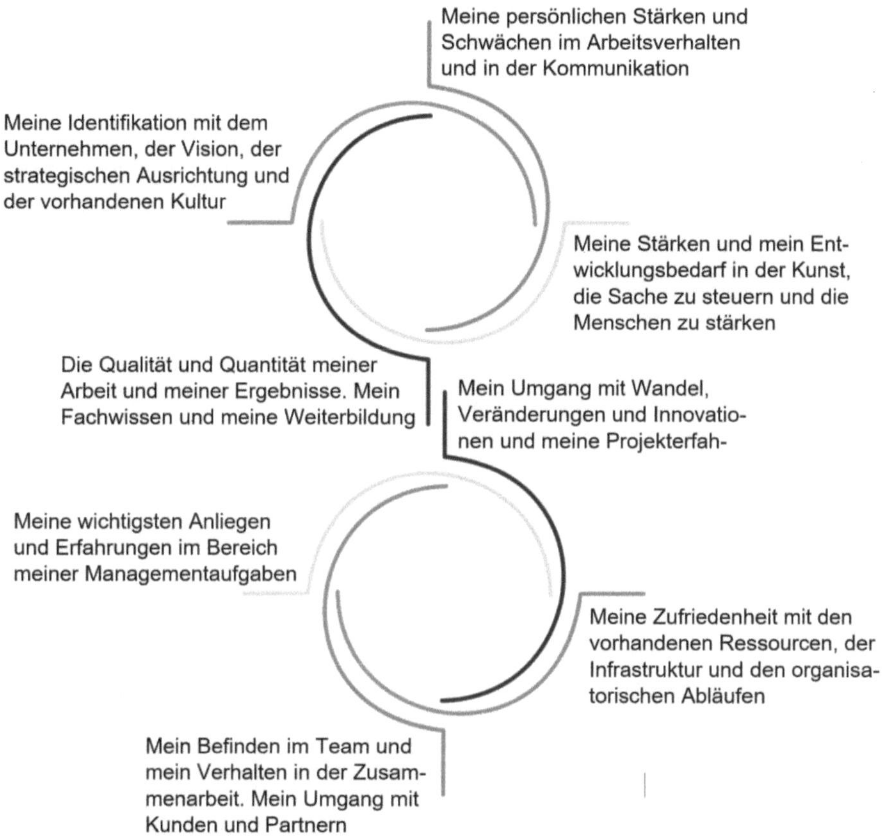

4.4.5 Methode ❺

Mit diesem Dialog-Gespräch schaffen Sie eine wohlwollende Basis für die Förderung und Entwicklung der Mitarbeitenden. Gleichzeitig erhalten Sie wichtige Rückmeldungen hinsichtlich des organisationalen Veränderungsbedarfs. Idealerweise findet auch dieser Dialog ohne inhaltliche Vorbereitung statt.

Wertschätzung, Sinngebung und Gestaltungsfreiheit sind drei zentrale Aspekte für die Zufriedenheit der Mitarbeitenden. Eine positive Einschätzung dieser Faktoren ermöglicht Engagement, Freude und die Erbringung guter Leistungen. Ein steter Umgang mit den laufenden Veränderungen fördert das Bewusstsein für die Bedeutung von Optimierungen und Innovationen.

Der Leitfaden

Wertschätzen, was ist	**Sinn und Gestaltungsfreiheit**	**Entwicklung und Veränderung**
Interesse zeigen, Leistungen würdigen, Menschen in ihrer Einzigartigkeit erkennen – das ermöglicht einen respektvollen Dialog auf Augenhöhe.	Wenn die persönlichen Werte und der Sinn der Organisation in Resonanz stehen, entsteht eine Energie, die es ermöglicht, die Fähigkeiten und das eigene Potenzial zu entfalten.	Wandel gehört zum Alltag. Ein wachsames Wahrnehmen des Veränderungsbedarfs ermöglicht innovatives Handeln und fördert eine permanente Weiterentwicklung.
Wofür ich schon immer mal Danke sagen wollte …	Meine Entscheidungskompetenzen ermächtigen mich …	Wenn ich könnte, wie ich wollte, würde ich …
Welches waren Ihre wertvollsten Beiträge zur Zielerreichung?	Welche Ihrer persönlichen Werthaltungen finden Sie in unserem Leitbild wieder?	Wo sehen Sie in unserer „Abteilung“ den größten Entwicklungsbedarf?
Gibt es Aspekte in Ihrer Arbeit, die niemand sieht?	Was ist für Sie das Wichtigste, das Sie mit Ihrer Arbeit bewirken möchten?	Wie ist in unserer Organisation das Verhältnis zwischen Wandel und Stabilität?
Welche Ihrer Stärken und Fähigkeiten konnten Sie im letzten Jahr besonders einsetzen?	Aus welcher Aufgabe schöpfen Sie am meisten Energie?	Welche neuen Herausforderungen möchten Sie anpacken?
Für das kommende Jahr habe ich mir vorgenommen …	Aufwind für die Zukunft gibt mir …	Worüber ich bisher noch nie gesprochen habe …

4.5 Gesprächsnachbereitung

Die Nachbereitung ist den eigenen Ansprüchen anzupassen. Wichtig ist, dass der administrative Aufwand kleingehalten wird. Investieren Sie Ihre Zeit und Energie in das Gespräch selbst.

Schriftlichkeiten

Bei Bedarf können die wichtigsten Erkenntnisse schriftlich festgehalten werden. Solche Zusammenfassungen gelten als vertraulich und sind entsprechend zu behandeln.

Zielformulierungen

Falls erwünscht können als Abschluss gemeinsam Ziele und Maßnahmen vereinbart werden. Der Haltung der Dialog-Gespräche entsprechend sollten die Zielsetzungen in der Verantwortung der Mitarbeitenden liegen.

Zu beachten

Allfällige Schriftlichkeiten und eventuell vereinbarte Ziele und Maßnahmen sind keine Grundlage für das nächste jährliche Dialog-Gespräch. Die Umsetzungsverantwortung für mögliche Zielvereinbarungen liegt bei der Mitarbeiterin, dem Mitarbeiter. Die Zielüberprüfung ist Teil der laufenden Führungsarbeit.

5 Führung und Dialog im Zeitalter von 4.0

Arbeiten 4.0 setzt den Menschen in den Mittelpunkt. Das digitale, flexible, mobile und vernetzte Arbeiten stellt neue Anforderungen an Mitarbeitenden wie Führungskräfte. Hierarchien werden zunehmend flacher, agile Arbeitsformen unterstützen die Selbstverantwortung, die Gestaltungsfreiheiten und die Flexibilität der Mitarbeitenden. Der damit verbundene Werte- und Kulturwandel bedingt eine neue Qualität der Beziehungsgestaltung.

Auch in einer digitalisierten Arbeitswelt brauchen Menschen Kontakt, Beziehung und Wertschätzung. Sie möchten wahrgenommen werden. Parallel zur digitalen Kompetenz müssen das Wertebewusstsein und die Kommunikationskompetenz weiterentwickelt werden. Die Fähigkeiten einer dialoghaften Gesprächsführung sind dafür eine wichtige Grundlage.

Leadership-Kompetenzen sind zwingend, denn Management-Kompetenzen alleine reichen nicht mehr aus. Die Persönlichkeit einer Führungskraft ist von zentraler Bedeutung. Mit Transparenz und Glaubwürdigkeit kann eine Vertrauensbasis aufgebaut werden, die ein gegenseitiges Commitment ermöglicht.

Wertschöpfung entsteht durch Wertschätzung. Aufrichtiges Interesse am Menschen und nicht nur an dem Leistungsträger bedeutet, sich zu öffnen und Führung auf einer dialogischen Basis zu gestalten.

Mit Wohlwollen und Interesse die Sichtweise, die Gedanken, die Interpretationen, die Überzeugungen und die Bedürfnisse der anderen Person zu erfassen, ermöglicht Bindung und stärkt die Selbstführung.

5.1 Kurzform einer transformationalen Führung

- Um Entscheidungen für die Zukunft zu treffen, orientiert sich die Führungskraft nicht alleine auf Überzeugungen, die sie durch Erfahrungen aus der Vergangenheit gewonnen hat. Sie trifft Entscheidungen auf der Grundlage ihres klaren und transparenten Wertebewusstseins.
- Entscheidungen werden bei Bedarf korrigiert und den veränderten Gegebenheiten angepasst.
- Durch den beharrlichen Einsatz für Innovationen und eine permanente Weiterentwicklung entsteht eine starke Vorbildwirkung.
- Die Weiterentwicklung der Unternehmenskultur hat einen hohen Stellenwert und die zentralen Werte haben eine Leuchtturmfunktion für das Handeln im Alltag.

- Eigeninteressen werden den Interessen der Organisation untergeordnet. Die Führungsperson stellt sich in den Dienst der Menschen und der Sache.
- Auf Belohnungen und Disziplinarmaßnahmen wird verzichtet.
- Die Entwicklung einer angstfreien Fehler- und Lernkultur ist ein zentrales Anliegen.
- Die Führungskraft hat ein tiefes Interesse an den Menschen.
- Agiles Denken ermöglicht flexibles und anpassungsfähiges Handeln.
- Die kollektive Intelligenz wird gezielt genutzt und gefördert. Neue Modelle der Zusammenarbeit werden installiert.
- Einfühlungsvermögen und Dialogkompetenzen ermöglichen Kommunikationsprozesse, die innerhalb wie außerhalb der Organisation Vertrauen schaffen.

5.2 4.0 erfordert einen Kulturwandel

Die enormen Herausforderungen der Gegenwart und der Zukunft bedürfen einer Transformation zu einem neuen Bewusstsein. Richard Barretts Modell der sieben Bewusstseinsstufen von Organisationen macht eindrücklich sichtbar, dass eine Weiterentwicklung nur mit einem tiefgehenden Wertewandel zu erreichen ist.

Die volatile, unsichere, komplexe und mehrdeutige VUCA-Welt, die Globalisierung, der demografische Wandel, die zunehmenden Burn-, Bore- und Brownouts, die Generationen Y und Z sowie die Digitalisierung erfordern einen persönlichen und unternehmerischen Bewusstseinswandel.

Egozentrierte Verhaltensweisen werden von werteorientiertem Handeln abgelöst. Damit beginnt ein Prozess vom *Ich* zum *Wir*: An die Stelle der Frage „Was springt dabei für mich heraus?“ tritt die Frage „Was ist das Beste für das Gemeinwohl“. Es geht nicht mehr darum die, der Beste *auf*, sondern die, der Beste *für* die Welt zu sein.

Menschen und Unternehmen durchlaufen analoge Bewusstseinsprozesse. Damit in Unternehmen ein solcher Wertewandel gelingen kann, braucht es Führungspersonen, die sich beharrlich für diesen Transformationsprozess einsetzen.

5.3 Die sieben Bewusstseinsebenen von Organisationen

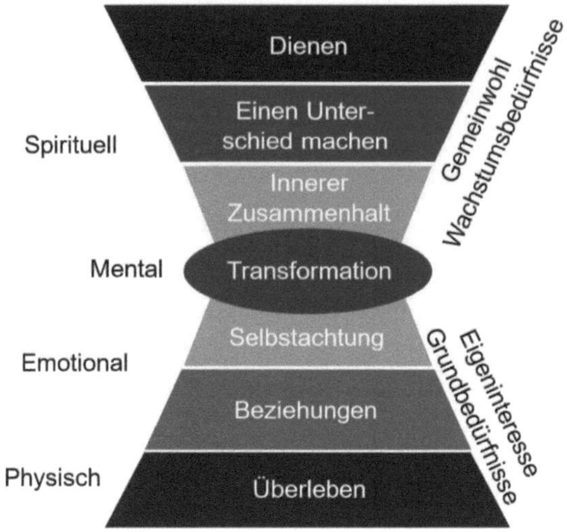

1: Überleben – „Haben wollen"

Die zentralen Bedürfnisse auf dieser Stufe sind Wachstum und das Erreichen finanzieller Stabilität und Rentabilität. Gelingt dies nicht, scheitert das Unternehmen und geht bankrott. Auf der Ebene der Mitarbeitenden sind Sicherheit und Gesundheit wichtige Themen. Limitierende Werte, egozentrierte Verhaltensweisen sind Gier, Rücksichtslosigkeit, übermäßige Vorsicht, kurzfristiges Denken und ein überhöhter Kontrollbedarf. Dahinter liegen die menschlichen Befürchtungen, nicht genug zu haben von dem, was benötigt wird, um sich sicher und geborgen zu fühlen.

2: Beziehungen – „Geliebt werden"

Wenn es gelungen ist, tragfähige Erträge zu erwirtschaften, besteht die nächste Aufgabe darin, sich mit tragfähigen Beziehungen zu beschäftigen. Innerhalb des Unternehmens ist es wichtig, eine offene Kommunikation und ein tragfähiges Miteinander aufzubauen, sodass allfällige Reibereinen nicht die Leistungsfähigkeit und die Ergebnisse beeinträchtigen. Ebenso rückt die Kundenzufriedenheit in den Fokus der Bemühungen. Konkurrenzdenken, Manipulation, Intrigen, Eifersucht und Schuldzuweisungen sind typische Schattenaspekte dieser Bewusstseinsebene. Auf der individuellen Ebene liegt hinter diesen Schattenthemen das Gefühl, nicht genügend Liebe zu bekommen, um sich akzeptiert und beschützt zu fühlen.

3: Selbstachtung – „Die Besten sein“

Auf der Bewusstseinsstufe drei rücken die Merkmale Qualität, Professionalität, Strukturen und effiziente Abläufe in den Vordergrund. Ziel ist es, produktiv und zuverlässig zu sein und den Mitarbeitenden das Gefühl zu vermitteln, auf das Unternehmen stolz sein zu können. Bürokratie, Hierarchie, Statuswidrigkeiten und ein selektiver Umgang mit Informationen limitieren die Entwicklung auf der Sachebene. Die persönlichen Hindernisse sind Befürchtungen, nicht gut genug zu sein, um die Achtung und die Anerkennung wichtiger Autoritätspersonen zu bekommen.

4: Transformation – „Wandel zu einem höheren Bewusstsein“

Um schnell und flexibel reagieren zu können, muss das Unternehmen wandlungs- und anpassungsfähig sein. Dies gelingt nur, wenn das Denken der Mitarbeitenden einbezogen wird. Der Mensch steht im Mittelpunkt, wird in Entscheidungsprozesse integriert und entwickelt dadurch ein Gefühl der Teilhabe. Führung fördert das persönliche Wachstum und die Zusammenarbeit im Team. Wertschätzung und Dialogkompetenzen bestimmen die Kommunikationsqualität. Lernen, Flexibilität, Innovation, Risikobereitschaft, Ermächtigung der Mitarbeitenden und Selbstverantwortung stehen im Zentrum der Transformationsbemühungen.

5: Innerer Zusammenhalt – „Gemeinsame Vision und Werte“

Die Werte sind in den Köpfen und Herzen der Mitarbeitenden verankert. Die kulturelle Identität ist hoch. Alle teilen die Vision für die Zukunft und die Mission für die Gegenwart. Die Mission ist auf einen höheren Zweck ausgerichtet, der dem Wohle der Allgemeinheit und dem Planeten dient – Sinn steht vor Profit. Engagement, Integrität, Kreativität und Offenheit prägen die Vertrauenskultur. Wenn es dem Unternehmen gelungen ist, einen starken inneren Zusammenhalt aufzubauen und eine Kultur uneingeschränkten Vertrauens vorhanden ist, vollzieht die Entwicklung den Schritt auf die nächste Bewusstseinsebene.

6: Einen Unterschied machen – „Ein Beitrag für die Menschen und die Welt“

Einen Beitrag leisten, der für die Welt und die Menschen bedeutend ist. Die Vertiefung der inneren Verbundenheit, die persönliche Erfüllung in der Arbeit, nutzbringende Partnerschaften und Bündnisse, die sich gegenseitig unterstützen sowie eine Zusammenarbeit mit dem Gemeinwesen sind die Hauptthemen dieser Bewusstseinsebene.

7: Dienen – „Zum Wohle aller“

Selbstloses Dienen für das Wohl der Menschheit und den Planeten. Das Unternehmen ist ein verantwortliches Mitglied der Zivilgesellschaft und unternimmt alles in seiner Macht Stehende für eine gesicherte Zukunft der Gemeinwesen, in deren Mitte es agiert. Ebenso unterstützt es Arme und Benachteiligte und leistet einen wichtigen Beitrag für die lebenserhaltenden Systeme unseres Planeten. Hohe ethische Maßstäbe, Nachhaltigkeit für die Allgemeinheit und das Unternehmen, ein Klima der Demut und des Mitgefühls zeichnen die höchste Bewusstseinsebene eines Unternehmens auf dieser Stufe, aus.

5.4 Die sieben Bewusstseinsebenen als Wegweiser für die künftige Entwicklung

Die vierte Ebene „Transformation“ in Barretts Modell der sieben Bewusstseinsebenen setzt den Wertewandel in Gang. Die Mehrzahl der Unternehmen befindet sich heute noch auf Stufe drei „Selbstachtung“ und im Zentrum ihrer Bemühungen stehen vorrangig Eigeninteressen. Die limitierenden Werte der ersten drei Bewusstseinsebenen können eine Entwicklung auf Stufe vier „Transformation“ verhindern und sie sind Ausdruck der persönlichen Entwicklung. Die Erfüllung der Grundbedürfnisse steht im Vordergrund, das Bedürfnis nach innerem Wachstum ist noch schwach ausgeprägt.

Unternehmen mit einem transformierten Bewusstsein verfügen über die Fähigkeit, auf jeder Bewusstseinsebene ihren Bedürfnissen gerecht zu werden. Sie können jederzeit auf die Herausforderungen des Umfelds reagieren und sich darauf einstellen – sie sind agil und anpassungsfähig.

Ab der vierten Stufe „Transformation“ verortet Barrett keine limitierenden Werte mehr, da die bewussten und unbewussten angstgesteuerten Überzeugungen in Bezug auf die Grundbedürfnisse überwunden sind. Die Angst ist dem Vertrauen gewichen, da die Grundbedürfnisse in einem ausreichenden Maße erfüllt sind.

Der Erfolg im 21. Jahrhundert – ob individuell im Beruf oder kollektiv als Unternehmen – hängt nicht in erster Linie davon ab, ob das, was man tut, sich von den anderen abhebt, sondern dadurch, wer man ist und wie man etwas tut. Der gnadenlose Konkurrenzkampf wird von einem Wettstreit um Werte abgelöst. Glaubwürdigkeit und Integrität fundieren und stärken die Resilienz des Unternehmens. Ein resilientes Unternehmen ist jederzeit in der Lage, die Grundbedürfnisse entsprechend seinen Werten abzudecken und gleichzeitig die Aufmerksamkeit auf das innere Wachstum zu richten.

Eine transformationale Führung bedingt eine bewusste Auseinandersetzung mit den persönlichen Schattenaspekten. Eine werteorientierte Unternehmensführung ist eng mit der individuellen Persönlichkeitsentwicklung verbunden. Damit verknüpfen sich die Anforderungen der fünften Disziplin mit den Anforderungen an eine werteorientierte Unternehmensentwicklung.

Die in einem Dialog-Gespräch benötigten Kompetenzen stärken sowohl die Personal Mastery als auch das Bewusstsein für eine klare Wertorientierung. Gleichzeitig fördern Dialog-Gespräche die Mitarbeitenden in ihrem Entwicklungsprozess und wirken auf diese Weise kulturbildend.

Mitarbeitende, die in ständiger Angst um die Erfüllung ihrer Grundbedürfnisse leben, verhindern eine Weiterentwicklung des Unternehmens ebenso wie angstgetriebene Führungskräfte. Persönliche und unternehmerische Weiterentwicklung benötigen ein Bewusstsein für die Bedeutsamkeit der Wertorientierung.

6 Perspektivenwechsel

Miteinander statt nebeneinander

Wenn Dialog zur Haltung wird,
geschieht Veränderung.

Dialog, eine viel verwendete Bezeichnung für Gespräche jedwelcher Art. Die tiefe Wirksamkeit entfaltet sich aber erst, wenn ein echtes Interesse am anderen Menschen vorhanden ist. Geleitet von einer gesunden Neugier und Entdeckungsfreude hinzuhören, was den anderen bewegt, was er gerade mitteilt und was ihm wichtig ist, bedingt sich zurückzunehmen und sich in voller Präsenz auf den Menschen gegenüber einzustellen.

Eine Qualität, die in unserer schnellen und informationsreichen Zeit zunehmend schwerfällt. Das Mitteilungsbedürfnis ist oft grösser als der Wunsch mit allen Sinnen hinzuhören.

Tief berührt haben mich Rückmeldungen von Führungskräften, die mir erzählten, dass sich durch den Dialog ihre Kommunikation zu Hause vollkommen gewandelt hätte. Es entstand eine neue Gesprächskultur am Tisch, Jugendliche fühlten sich besser verstanden und die Entschleunigung in den Gesprächen brachte Ruhe statt Hektik. Die Kraft des zugewandten Schweigens lässt eigene Gedanken aufsteigen, die dann geteilt werden können.

So wichtig die Qualität des Hinhörens ist, so wichtig ist das Teilen der eigenen Gedanken und Gefühle. Nicht im Sinne eines «Ja aber», sondern als persönliche Botschaft. Die eigene Ansicht zu dem Thema, das gerade besprochen wird. Die innere Stimme wird zum Ausdruck gebracht, anstelle einer blossen Selbstbehauptung. Es macht einen grossen Unterschied, ob die eigene Meinungsabgabe als Reaktion auf das Gehörte passiert oder ob es eine persönliche und freie Meinungsäusserung zum Thema ist. Anstelle einer Rede und Gegenrede werden die Auffassungen aller Beteiligten hörbar und fühlbar, dadurch entsteht ein gemeinsamer Prozess und neue Lösungsansätze zeigen sich wie von selbst. Dieses Zusammenwirken kreiert ein Energiefeld der gegenseitigen Akzeptanz. Es fühlt sich an wie ein konsonantes Orchesterspiel.

In der Mediation von Konflikten ist eine wichtige These, dass Konflikte nicht auf derselben Ebene gelöst werden können, auf der sie entstanden sind. Durch die vertieften Erfahrungen in unterschiedlichsten Dialogsettings wurde deutlich, dass, wenn die sofortige Gegenreaktion ausbleibt und stattdessen über sich selbst gesprochen wird, neue Zugänge entstehen dürfen und das Verständnis für die anderen Beteiligten wächst. Selbst dann, wenn die Meinung nicht geteilt wird, geschieht eine Öffnung für andere Sichtweisen. Wenn in einem zweiten Schritt, die eigenen dahinterliegenden Annahmen und Bedürfnisse offengelegt werden, vertieft sich das gegenseitige Verständnis.

Anders formuliert, ist es ein Geschenk an ein soziales Miteinander, wenn es gelingt, authentisch die eigene Wahrheit auszudrücken und achtsam hinzuhören, welche anderen Wahrheiten ausgetauscht werden möchten. Die Wirkung schafft Verbindung ohne Worte, denn sie entsteht durch die dahinterliegende Haltung der gegenseitigen Akzeptanz.

Begegnung steht vor Struktur, es geht nicht um Perfektion, sondern um ein herzvolles Miteinander. Wenn Kommunikation erklärt wird, ist sie theoretisch verständlich, doch gleichzeitig tritt das Wesentliche in den Hintergrund. Wie erklärt sich kommunikationstheoretisch ein herzvolles Miteinander? Einfühlungsvermögen, ein stimmiges Mass an Nähe zulassen, in Resonanz mit den Menschen gehen, Wohlwollen als Grundhaltung einbringen, sein Herz öffnen etc. All diese Aspekte sind Teil unserer Persönlichkeit und können nicht mit unserem Verstandeswissen per Knopfdruck eingesetzt werden. In diesem Sinne sind Dialoggespräche wie eine Lebensschule. Durch eine achtsame Selbstbeobachtung offenbaren sich die persönlichen Stärken und Schwächen und damit das eigene Entwicklungspotenzial. Es ist spannend zu erkennen, wo die eigenen Grenzen liegen, sie sind zuverlässige Lehrmeister. Schrittweise und im eigenen Tempo können wir sie erweitern, wenn wir deren Ursache entdecken.

Liegt es...
am grundlegenden Interesse an anderen Menschen? An der Akzeptanz von unterschiedlichen Meinungen? An der Bereitschaft hinzuhören? An der Offenheit der eigenen Beiträge? Am echten Wunsch durch vertiefende Fragen mehr vom anderen zu erfahren? An der Bereitschaft das Herz zu öffnen? Am eigenen Wohlwollen und der Liebe zu den Menschen?

Liebe und Herzöffnung, zwei grosse Worte über die viel geschrieben wurde und wird. Wie lässt sich Liebe im Kontext der Kommunikation beschreiben? An einem Vortrag des verstorbenen Horst Krohne (einer der bekanntesten Geistheiler) hat er eine Möglichkeit gefunden, die Zuhörenden erfühlen zu lassen was passiert, wenn die Liebe fehlt. Vielleicht der wirksamere Weg, um begreifen zu können, was gemeint ist.

Seine Worte: «Verantwortung ohne Liebe macht rücksichtslos, Gerechtigkeit ohne Liebe ist hart, Freundlichkeit ohne Liebe wirkt heuchlerisch, Ordnung ohne Liebe ist kleinlich, Selbsterkenntnis ohne Liebe macht rechthaberisch, Macht ohne Liebe wird gewalttätig»

Die Kernkompetenzen des Dialogs sind im privaten wie im beruflichen Kontext zwar dieselben, doch wird die Tiefe der weichen Faktoren meist anders geregelt. In einem persönlichen Dialoggespräch ist die Selbstoffenbarung und damit verbunden die Nähe und die Herzöffnung anders zu gewichten. Liebe ohne Klarheit verliert an Kraft, deshalb ist auch im persönlichen Umfeld ein Gleichgewicht zwischen der Sach- und Beziehungsebene zu beachten. Wenn es gelingt den eigenen Standpunkt in Liebe zu vertreten nimmt der Dialog seinen Anfang.

Anhang

FAQ etwas anders

Was geschieht, wenn Sie von der üblichen Vorgehensweise der Beurteilungsgespräche abweichen und einen Dialog führen?

Erstaunen, Neugier, Entspannung, Zufriedenheit, Wertschätzung etc.

Welche neuen Möglichkeiten ergeben sich durch die Dialog-Gespräche? Denken Sie breit!

Vorfreude auf die Gespräche, ein druck- und stressfreier Austausch der neuen Erkenntnisse ermöglicht eine kulturelle Weiterentwicklung, Vertrauen ersetzt Machtkampf etc.

Wen können Sie für Ihre Interessen an den Dialog-Gesprächen als Botschafter einsetzen?

Die Personalabteilung, eine innovative Führungskraft aus dem oberen Kader, Menschen die sich im Unternehmen für Weiterentwicklungen einsetzen etc.

Was würde durch die Dialog-Gespräche möglich werden, das vorher nicht möglich war?

Eine vertiefte Begegnung auf Augenhöhe, ein bewertungsfreier Austausch, eine angstfreie Kommunikation etc.

Was an den Dialog-Gesprächen ist sprichwörtlich Gold wert?

Wenig bis kein administrativer Aufwand. Keine Vor- und Nachbereitung.

Welche Diagnose würde ein Arzt für die bisherigen Beurteilungsgespräche stellen?

Chronifizierte Abnutzungserscheinungen.

Was an den Dialog-Gesprächen entspricht dem aktuellen Zeitgeist?

Die Selbstverantwortung für die Umsetzung der gewonnenen Erkenntnisse, das Gespräch als Momentaufnahme statt als Dokument mit einer jahrelangen Archivierung.

Wie lautet der Elevator Pitch für die Dialog-Gespräche?

Es ist Herbst, Sie stehen kurz vor der Phase der jährlichen Beurteilungsgespräche und fragen sich, woher Sie die Zeit nehmen sollen. Dieser Alle-Jahre-wieder-Effekt könnte vorbei sein. Die Zeit ist reif für die jährlichen Dialog-Gespräche. Sie als Führungskraft können die vorgestellten fünf Methoden für ein Dialog-Gespräch ohne aufwändige Vor- und Nachbearbeitungen direkt anwenden und mühelos an die eigenen Bedürfnisse anpassen. Mit der Einführung der Dialog-Gespräche gewinnen Sie Zeit, Qualität und Beziehung. Sie entsprechen dem Zeitgeist und den Menschen.

Auszug aus einem Gesprächsprotokoll

Ausgangslage

Der Inhaber eines kleinen KMU-Betriebs führt ein erstes Dialog-Gespräch mit dem Werkstattleiter. Der aktuelle Inhaber hat vor knapp einem Jahr den Betrieb gekauft. Der Betrieb hat ausgeprägte Merkmale einer Pionierphase. In der kommenden Zeit stehen Veränderungen auf mehreren Ebenen an. Das Betriebsklima und die Auftragslage sind gut.

*Vorgesetzter im Text mit **V** bezeichnet, Mitarbeiter mit **MA***

V: Ich freue mich, mit Ihnen in der nächsten Stunde gemeinsam die drei Themen „Wertschätzen, was ist", „Sinn und Gestaltungsfreiheit" und „Entwicklung und Veränderung" zu reflektieren und daraus neue Erkenntnisse für die Zukunft zu gewinnen. Als Einstieg in das Gespräch gebe ich Ihnen gerne einen Satzanfang mit der Bitte, diesen Satz zu beenden: „Wofür ich schon immer mal Danke sagen wollte ...".

MA: Ich bin sehr dankbar, dass Sie die ganze Belegschaft übernommen und behalten haben. Wir haben uns alle sehr große Sorgen gemacht, als wir von den Verkaufsverhandlungen gehört haben. Für mich als älteren Mitarbeiter und zwei meiner Kollegen aus dem Werkstattteam ist diese Anstellung existenziell.

V: Existenziell?

MA: Ja, wir drei sind die langjährigsten Mitarbeiter in diesem Betrieb. Wir haben unsere ganze Schaffenskraft in den Aufbau dieser Werkstatt gesteckt. Dabei kamen aus Zeit- und Kostengründen die Weiterbildungen häufig zu kurz.

V: Bedeutet dies, dass hier ein Nachholbedarf besteht?

MA: Ja, wir sollten dringend unser Wissen und Können im Bereich der neuen Technologien auf den neusten Stand bringen.

V: Ich notiere mir dies und komme darauf zurück, wenn ich den gesamten Bedarf an Weiterbildungen geklärt habe. Worin bestanden in den letzten zwei Jahren Ihre wertvollsten Beiträge zur Zielerreichung der Werkstatt?

MA: Als Werkstattleiter habe ich mich sehr darum bemüht, dass wir unsere Aufträge zeitgerecht und in guter Qualität erfüllen.

V: Für welche Qualität ist denn Ihre Werkstatt bekannt?

MA: An erster Stelle steht bei uns die Erfüllung der individuellen Kundenwünsche. Wir streben innovative und flexible Lösungen an und garantieren eine hohe Serviceleistung.

V: Diese Qualitätsmerkmale decken sich auch mit meinen Vorstellungen. Es freut mich sehr, dass wir hier eine so große Übereinstimmung haben. In meinen letzten Jahren in einem Großbetrieb habe ich wiederholt die Erfahrung gemacht, dass die interne Qualitätssicherung sehr wichtig ist. Ich strebe keine Zertifizierung an, sondern lege Wert darauf, dass Sie mit Ihrem Team eine offene Fehler- und Lernkultur entwickeln. Was ist denn typisch für den bisherigen Umgang mit Fehlern?

MA: Ich bin froh, dies zu hören, denn unser Werkstattteam hat über die Jahre eine sehr konstruktive Zusammenarbeit gepflegt, jedoch fehlt uns eine abgesprochene Vorgehensweise für den Umgang mit Fehlern. Wenn Fehler aufgetaucht sind, haben wir diese möglichst schnell besprochen und behoben. Ich werde zusammen mit meinen Leuten bis zum Ende des Jahrs ein kleines Konzept erstellen. Wenn ich das richtig erkenne, sind Ihnen schriftliche Grundlagen ein Anliegen.

V: Das stimmt, ich möchte für den ganzen Betrieb mehr schriftliche Grundlagen und Standards erarbeiten. Ich bin froh, wenn wir dieses Thema noch in diesem Jahr bereinigen können. Gerne eine neue Frage: Welche Ihrer Stärken und Fähigkeiten konnten Sie im letzten Jahr besonders einsetzen? Welche konnten Sie zu wenig nutzen?

Schnitt (ein Teil des Dialogs wird nicht aufgeführt)

V: Fahren wir weiter mit dem Thema Sinn und Gestaltungsfreiheit. Gerne wieder ein Satzanfang: „Meine Entscheidungskompetenzen ermächtigen mich …".

MA: Lange Pause. Ich weiß nicht recht, was ich sagen soll, denn das letzte Wort hatte eigentlich immer unser früherer Patron.

V: Erzählen Sie mir doch bitte, wie und in welcher Art und Weise die Entscheidungen zustande kamen.

MA: Innovative Neuerungen, Anschaffungen und spezielle Kundenanliegen habe ich immer zuerst mit ihm besprochen und dann habe ich gehandelt. Entscheidungen innerhalb unserer gewohnten Arbeitsabläufe haben wir natürlich selbst getroffen.

V: Das klingt sehr unkompliziert, doch gleichzeitig möchte ich, dass wir Ihre Kompetenzen klären und sie genau wissen, was Sie selbstständig entscheiden können. Sie sind ja informiert worden, dass in einem Monat unser erster Strategieprozess beginnt. Auf dieser Grundlage können wir dann eine Kompetenzordnung festlegen.

MA: Da wird für mich ein Umdenken nötig, doch nehme ich diese Herausforderung gerne an und bin gespannt auf die Ergebnisse des Strategieprozesses.

V: Gehe ich richtig in der Annahme, dass da auch leichte Bedenken mitschwingen? Falls ja, welche Gedanken und Gefühle löst denn diese Veränderung bei Ihnen aus?

MA: Ja das stimmt, ich kann es mir gar nicht so recht vorstellen, ohne Bestätigung von oben zu handeln. Irgendwie verunsichert mich das.

V: Verstehe ich das richtig: Sie sind es einfach gewohnt, dass das letzte Wort der Chef hat?

MA: Ja, er ist doch der Inhaber und hat den Überblick und das Wissen, was die Firma braucht. Ich habe all die Jahre meinem Chef loyal gedient und zusammen mit meinem Werkstattteam haben wir uns stets bemüht, das Beste zu geben. Pflichtbewusstsein steht für mich an erster Stelle.

V: Das kann ich nur bestätigen, so habe ich die Zusammenarbeit mit Ihnen und Ihrem Team auch erlebt. Ich schätze Ihre Verlässlichkeit und Ihre Leistungen sehr. Und gerade deshalb bin ich überzeugt, dass wir unsere künftige Zusammenarbeit neugestalten können. Mir ist es ein großes Anliegen, Sie zu ermächtigen, mehr eigene Entscheidungen zu treffen. Gestaltungsfreiheit und Selbstverantwortung sind für mich zwei wichtige Werte. In unseren bilateralen Gesprächen werden Sie mich über größere Entscheidungen informieren können. Solange diese Entscheidungen innerhalb der definierten Rahmenbedingungen liegen, werde ich mich nicht einmischen. Können Sie sich ein solches Miteinander vorstellen?

MA: Es ist eine große Umstellung für mich. Ich danke Ihnen für das Vertrauen, ich werde mein Bestes geben, doch wäre ich froh, wenn wir zu Beginn noch einen etwas intensiveren Austausch pflegen könnten.

V: Das können wir gerne. Ich werde Sie bei diesem Umstellungsprozess auf jeden Fall unterstützen.

Schnitt (ein Teil des Dialogs wird nicht aufgeführt)

V: Lassen Sie uns den letzten Teil zum Thema „Entwicklung und Veränderung" wieder mit einem Satzanfang beginnen: „Eine kontinuierliche Reflexion und Anpassung der Abläufe und der Kernprozesse findet bei uns in der Werkstatt …".

MA: … ständig statt. Wir haben zwar keine ausführliche Ablauf- und Prozessdokumentation, Anpassungen sind aber selbstverständlich in den Alltag integriert. Wenn einer von uns eine Optimierungsmöglichkeit sieht oder eine Fehlerquelle entdeckt, besprechen wir das im Team und integrieren die Lösung zeitnah in den Alltag. Das läuft bei uns völlig unkompliziert.

V: Wenn ich Sie richtig verstehe, sind kleinere Optimierungen Teil Ihrer täglichen Arbeiten?

MA: Ja das stimmt, wir legen großen Wert auf effizientes Arbeiten.

V: Das freut mich, da nehme ich eine hohe Übereinstimmung mit meinen Anliegen wahr. Wie sieht es denn mit neuen, innovativen Lösungsansätzen aus?

MA: Als langjähriger Inhaber des Kleinbetriebs hat der frühere Chef sehr auf Beständigkeit und Tradition geachtet. Uns war bisher stets wichtig, dass wir Lösungen für die individuellen und vielfältigen Wünsche der Kunden entwickeln, denn hier liegt die Stärke unseres Betriebs. Wie schon zu Beginn des Gesprächs gesagt: Im Umgang mit den neuen Technologien haben wir Nachholbedarf – nicht nur in Bezug auf Weiterbildungen, sondern auch in Bezug auf die Infrastruktur, hier wurde in den letzten Jahren wenig investiert.

V: Wenn ich Sie richtig verstehe, müsste bei den Gerätschaften und deren Handhabung investiert werden, damit innovativere Lösungen und neue Angebote entwickelt werden können. Glauben Sie, dass dafür im Team ausreichend Ressourcen und Potenziale vorhanden sind?

MA: Ich bin unschlüssig, was ich antworten soll. Der gute Ruf der Firma beruht doch auf traditionellen Lösungen und einem guten Kundenservice. Allzu viele Neuerungen könnten auch negative Auswirkungen haben. Gleichzeitig ist mir klar, dass wir nicht stehen bleiben können, aber zu große Veränderungsschritte wären auch für das Team schwierig.

V: Dazu möchte ich Ihnen zuerst noch eine etwas generellere Frage stellen. Wie schätzen Sie in unserem Betrieb das Verhältnis zwischen Wandel und Stabilität ein?

MA: Seit Ihrer Übernahme hat sich vieles bewegt, was sicher auch gut ist, doch mache ich mir manchmal Sorgen, dass die Mitarbeitenden nicht mithalten können. Wir hatten über Jahre viel Stabilität und wenig Wandel, jetzt ist es fast umgekehrt.

V: Macht Ihnen persönlich dieser Wandel auch zu schaffen?

MA: Irgendwie schon, es geht so viel Gewohntes verloren.

V: Darf ich noch etwas besser verstehen, was genau verloren geht?

MA: Wir wussten alle so gut, wo wir stehen, was wir können – und unser Chef hat für eine gute Auftragslage gesorgt. Nun sind wir alle zunehmend verunsichert, ob das Bisherige überhaupt noch gefragt ist. Es kommt mir vor, als würde ich in einem neuen Betrieb arbeiten. Das beschert mir manchmal schlaflose Nächte.

V: In der schlaflosen Nacht drehen sich dann viele Gedanken in Ihrem Kopf und die Sorgen werden immer größer?

MA: Ungefähr so. Zum Glück schlafe ich nicht immer schlecht, aber meine Frau macht sich auch schon Sorgen.

V: Ich bin dankbar für Ihre Offenheit. Es macht mich sehr betroffen zu hören, wie es Ihnen und anscheinend auch anderen Mitarbeitenden geht. Ich kann Ihre Bedenken nachvollziehen, denn ich habe in der Tat mehrere Veränderungen eingeleitet und teilweise bereits umgesetzt. Mir wird jetzt in diesem Gespräch deutlich, dass ich wahrscheinlich zu wenig über meine Veränderungsabsichten gesprochen habe. Der geplante Strategieprozess wird sicher einige Klarheit bringen, doch werde ich vorher eine offene Gesprächsrunde für alle Mitarbeitenden planen und durchführen. Da werde ich meine Vorstellungen näher erläutern und gerne auch mit allen diskutieren. Ich kann Ihnen versichern, dass mir unser bisheriges Kerngeschäft genauso am Herzen liegt wie Ihnen. Gleichzeitig besteht aber auch ein Veränderungsbedarf bei unserem Sortiment und im ganzen Bereich der Führung und der Administration. Wir als Betrieb müssen etwas innovativer und flexibler werden. In Bezug auf die Innovationskraft des Unternehmens habe ich ein etwas anderes Bild als Sie. In diesem Bereich müssen wir aktiver werden. Die bevorstehende Kompetenzklärung ist bestimmt ein guter Anfang für das neue Miteinander. Es ist mir wirklich ein großes Anliegen, dass wir den Weg der Veränderungen gemeinsam gehen können. Wir schaffen das nur im Miteinander.

MA: Ich werde heute Nacht besser schlafen. Ich bedanke mich für den offenen Austausch und hoffe sehr, dass wie die Veränderungen in einem machbaren Tempo angehen können.

Schnitt (Ende des Dialogs wird nicht aufgeführt)

Ein Dankeschön

… an alle Menschen, die mir im Laufe der letzten 35 Jahre durch Ihre Beratungsaufträge die Chance gegeben haben, mein eigenes Wissen und Können stets zu vertiefen und zu erweitern. Meinen tiefen Dank für all das Vertrauen, das ich erfahren durfte.

… an all die Menschen, die mein Manuskript gelesen und mich mit ihren kritischen Rückmeldungen inspiriert haben.

… an den Lektor, der mich mit seinen professionellen Anregungen unterstützt hat.

… an den Trainer-Verlag, der mich mit der Anfrage für ein Manuskript überhaupt erst auf die Idee einer Veröffentlichung gebracht hat.

Schlusswort und Kontakt

Je häufiger Sie Dialog-Gespräche führen, desto deutlicher werden Sie die verborgenen Schätze dieser Kommunikationsform erkennen. Wichtig ist, dass Sie eine innere Entscheidung treffen, wirklich zuhören und verstehen zu wollen. Mit dieser Bereitschaft werden sich die Türen zum Dialog öffnen. Ein gelungener Dialog ist stets auch ein Spiegel der inneren Haltung, sich auf das Gegenüber einzulassen.

Sammeln Sie Erfahrungen und bauen Sie Schritt für Schritt die dazugehörenden Kompetenzen auf und aus!

Zu Beginn kann es sich lohnen, für einige Gespräche einem einzelnen Aspekt besondere Aufmerksamkeit zu schenken und diesen dann nach dem Gespräch für sich persönlich zu reflektieren.

Dialog-Gespräche sind ein Teil lebenslangen Lernens. Bei einer bewussten Handhabung leisten sie auch einen Beitrag zu ihrer eigenen Persönlichkeitsentwicklung.

Ich wünsche Ihnen von Herzen gutes Gelingen und viele spannende und bereichernde Erfahrungen!

Als Grundlage für meine Schulungen habe ich eine Dialog-Broschüre erarbeitet. Darin sind alle Vorlagen und Beschreibungen enthalten und werden weitere Fragen aufgeführt. Dieses Instrument ersetzt oder ergänzt im betrieblichen Alltag die bisherigen Unterlagen für die Beurteilungsgespräche.

Erhältlich über

✉ Perspektivenwechsel
Grünaustrasse 20
CH-3084 Wabern

info@ursulamichel.ch

✆ 0041 79 604 02 09

🌍 www.ursulamichel.ch

Weiterführende Literatur

Barrett, Richard: *Werteorientierte Unternehmensführung*, Springer Gabler, Berlin/Heidelberg, 2016

Dietz, Karl-Martin/Kracht, Thomas: *Dialogische Führung*, Campus, Frankfurt/New York, 4., aktualisierte Auflage, 2016

Gamma, Anna: *Den eigenen Platz im Ganzen finden*, Via Nova, Petersburg, 2017

Goleman, Daniel: *Emotionale Intelligenz*, Carl Hanser, München, 1996

Goleman, Daniel/Boyatzis, Richard/McKee, Anne: *Emotionale Führung*, Ullstein, Berlin, 3. Auflage, 2005

Hartkemeyer, Johannes F./Hartkemeyer, Martina: *Die Kunst des Dialogs*, Klett-Cotta, Stuttgart, 2005

Hartkemeyer, Tobias/Hartkemeyer Martina/Hartkemeyer Johannes F.: *Dialogische Intelligenz*, Info3-Verlagsgesellschaft Brüll & Heisterkamp KG, Frankfurt am Main, 2. Auflage, 2016

Jesper, Juul: *Beziehungskompetenz die neue Führungskompetenz*, Vortrag an der International Business School ZfU in Thalwil, April 2012, DVD erhältlich unter familylab.ch

Narbeshuber, Esther/Narbeshuber, Johannes: *Mindful LEADER*, O. W. Barth, München, 2019

Sage, Martin: *Lebe deinen Traum*, Sokrates, München, 2017

Scharmer, Otto C./Käufer, Katrin: *Von der Zukunft her Führen*, Carl-Auer, Heidelberg, 2014

Senge, Peter M./Kleiner, Art/Smith, Bryan/Roberts, Charlotte/Ross, Richard: *Das Fieldbook zur fünften Disziplin*, Schäffer-Poeschel, Stuttgart, 2008

Weiss, Michael: Mensch und Management, Schirner, Darmstadt, 2004

Über die Autorin

Ursula Michel

Ich liebe Menschen und Herausforderungen

Über 40 Jahre habe ich Menschen und Organisationen beraten und sie in vielen Veränderungsprozessen und Konfliktlösungen begleitet. Die Arbeit in unterschiedlichsten Branchen hat meinen Blick für die Vielfalt und die Komplexität geweitet.

In all den Jahren war mein Wirken stets verwoben mit der Suche nach Antworten im Bereich der Spiritualität und der Persönlichkeitsentwicklung von uns Menschen. Dabei durfte ich immer wieder erkennen, dass das, was sich im Aussen zeigt, ein direktes Spiegelbild meines inneren Prozesses oder meiner ungelösten Herausforderungen ist.

Wie also darf Entwicklung und Problemlösung in einem sinnvollen Tempo und Zeitraum geschehen?

Die grosse Frage nach dem Wie, wurde zu meinem inneren Feuer. Antworten und Vorgehensweisen entdecken, die sowohl für mich persönlich wie auch für eine neue Form des Zusammenwirkens mit Menschen nachhaltig sind.

Nach zwei Jahren Pause von dem hoch getakteten Alltag meiner Selbständigkeit, ruft mich eine neue Form der Begleitung von Menschen. Es ist mein Herzensanliegen Menschen durch den Trubel des Wandels zu begleiten, so dass ein persönliches Wachstum entstehen darf,

Als Autorin des Buches „Hierarchie auf Augenhöhe“, durfte ich die transformierende Kraft des Dialogs immer wieder erfahren. Das, damit verbundene tiefe Interesse am Menschen ist eine Quelle für Heilung und Wertschätzung und ist Grundlage in jedem meiner Gespräche.

MIX
Papier aus verantwortungsvollen Quellen
Paper from responsible sources
FSC® C105338

Printed by Books on Demand GmbH, Norderstedt / Germany